修斯的秘密笔记
与法兰西的 10 个约定

黎征　著
郭素平　绘

中国国际广播出版社

永远不要停下发现世界的脚步

小时候，我养成了一个很特别的习惯，总喜欢盯着世界地图看，找认识的或是不认识的国家，做着长大以后可以周游世界的美梦。虽然歌词里说外面的世界很精彩，但到底是不是精彩，又是怎样的精彩，我也不知道。但我知道，那是个很不一样的世界，我想去看看。

那时候觉得最理想的职业莫过于《正大综艺》的外景主持，可以始终保持着对这个世界的热情，走在不同的陌生角落里，去发现，去体验。这几年，因为工作的原因，我去了很多国家，看到了不同的风景，参观了不同的博物馆，踏访了不同的文化遗产。这个美梦，我正在一点一点地实现着。

但偶尔想起来，总觉得自己出发晚了，所以，几乎每次在和家长交流时，我总会说，趁着孩子还在愿意与你同行的年纪，享受行走在世界旅途上的乐趣吧。有些乐趣是偶然从生命的拐角处出现在你面前，也许这个乐趣，在短暂的人生里也只会出现这短暂的一瞬。除了乐趣，我们为什么要和孩子去行走呢？

为了好奇。 始终愿意去探寻，始终愿意去尝试的好奇心，对今天的人们来说是多么的难能可贵。这份好奇会时不时地点燃我们生活里的热情，给予平淡的时光更多的色彩。对的，生命的色彩本该是绚丽的，尤其是童年。

为了视野。 世界正是因为它的不同而美丽。当我们行走其中，时时都在观察着、感受着、理解着这其中的不同。除了在自己专业领域的深耕之外，更加开阔的视野

001

与法兰西的10个约定

会带给我们意想不到的惊喜。

为了胸怀。当我们的孩子眼中看到的不同更多，心中思考的不同更多，他们的胸怀里所能容纳的世界也会更大。即使面对再大的困难，他们也会以积极的心态去回应，以包容的内心去接纳，始终保持着对美好的憧憬。

学习伴随着每个人的一生。在家庭的学习，当我们离开家庭时就不存在了；学校的学习，当我们离开学校时就不存在了；只有在公共空间中的学习，是伴随我们终生的。这个公共空间不仅是我们身边的博物馆、美术馆、科技馆等等，更是我们可以行走到的不同国度。

在我眼里，这不是一套为大家介绍旅行的路书，而是一份带领我们去寻找这个世界相同与不同的索引书：从生活的细节到文学的领悟，都可以在其中找到。

在读这套书时，有时会觉得像是在听一个老朋友正讲述着他旅途里的见闻，那样兴致勃勃，那样不期而遇，让自己也随着他的眼睛去看了遍世界；有时候呢，又觉得回到了主人公修斯的角度，去听各位亲人的聊天，把这个国家最精彩，也最浪漫的故事讲给了自己。章节后的互动部分也很用心，书中的内容自然地延展到外面，能激发孩子更多的学习和寻找。

人生其实说长也不长，说短也不短，就看我们以怎样的心境去面对。阅读也罢，行走也罢，我们首先要找到的是一份美好，是一行小诗被自己诵读出来的美好，是一处景致被自己拍摄记录的美好。人生不正是由这样从未间断过的小美好组成的吗？愿你在这本书里，可以找到一份属于自己的美好。

世界真的很大很精彩，请永远不要停下发现世界的脚步。

朋朋

目录

给修斯的一封信

三色法兰西丨受上帝眷顾之地

法国在哪儿？丨欧洲西部的六边形　004

国家的象征丨国旗、国徽、玛丽安娜和高卢雄鸡　009

法国人说什么？丨101个省份编号　014

语言课丨修斯的法语时间Ⅰ　019

法国的城市丨巴黎和巴黎以外　021

法国与世界丨中国的好朋友　027

了解法国历史丨欧洲雄鸡的成长

古代法国丨高卢和高卢-罗马　032

法兰克王国丨法国成为法国　036

查理大帝丨谁是"红桃K"？　040

卡佩王朝丨法式宫斗　043

修士与骑士丨传播文化　保卫家园　046

百年战争与黑死病丨法国历史上最黑暗的时期　051

语言课丨修斯的法语时间Ⅱ　056

两位好国王丨弗朗索瓦一世和亨利四世　058

波旁王朝的"路易们"丨路易十三、路易十四、路易十五和路易十六　063

法国大革命和拿破仑｜"巴士底"和"滑铁卢"　069

近代的法国｜国殇纪念日、敦刻尔克和诺曼底　075

路易十四时期｜欧洲毋庸置疑的霸主

古典主义文学｜群星闪耀时　082

中外文化大不同｜墓园也是名景点　084

语言课｜修斯的法语时间 III　086

蒙马特高地｜当代艺术之家　088

长眠先贤祠的美好灵魂｜献给伟人，祖国感谢他们　089

语言课｜修斯的法语时间 IV　099

推荐作家｜"老少皆宜款"　101

世界的艺术模范｜法兰西"爱美丽"

欧洲绘作的宝库｜无一城　不艺术　108

孕育世界级雕刻大师｜"花都"亦是"雕塑之都"　122

巡游法国艺术地｜美术馆、博物馆列表　130

巴黎经典建筑｜宫殿与教堂　134

巴黎地标｜城市规划功不可没　140

地区性建筑｜追寻梦幻城堡　146

假如生活在法国｜"你好，慢慢来"

法国人的日常｜打招呼与用餐礼仪　156

体验星级美食｜小吃 VS 大餐　161

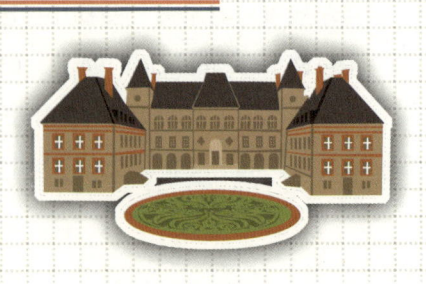

乐在法国｜"这就是生活"

法国人玩儿什么？｜爱歌剧 爱音乐 爱电影 178
法国人的体育运动｜"环法"需头盔 "法网"红土壤 181
世界节假日"冠军"｜明天可以不上班 187
在法国如何出行？｜为"减排"多多使用公共交通 195

法国的教育体系｜漫漫求学路

大学前的学习之路｜"中等教育"和"中学教育"不一样 202
法国的高等教育｜"大学"和"大学校" 205

附录｜在法旅行的重要联络方式和注意事项

最最亲爱的修斯：

　　最近的生活怎么样？

　　好久不见，我特别想你，当然，也想你的爸爸妈妈，还有爷爷奶奶。我一直随身带着咱俩的合影呢——就是上次一起去迪士尼乐园时拍的。

　　你知道的，姑姑是个爱出门玩儿的人，上学的时候就是，饿着也要攒钱出去玩！世界那么大，每个国家、每座城市、每条街道都不一样，要去看看啊。上学上班遇到烦恼的时候，出去转一圈，换换环境，就让人觉得心情特别的好。梁实秋先生说出门旅行可以让人体会家里的好。确实如此，所以我又出发了。这会儿，我已经搭乘了10个小时的飞机，到达了你特别想来的法兰西。

　　我想，不论对于我、还是对于你，这次旅行都会非常特别。因为我知道你马上就要11岁了，是个大孩子啦。在法国，11岁的孩子就上初中了呢，你也要马上迎来升中学的考试，学习越来越忙，出来玩的机会比以前少了。

　　所以，我会在旅行中不断写信给你，把我的法兰西之旅认认真真地记录下来，告诉你法国有哪些好玩的、好吃的，有哪些有意思的事儿。这样，你可以在心中规划个小目标，选好法国你喜欢的地方，等你考完中学的那个暑假，我们再一起来。

　　另外，我也已经给自己设置了一个"小目标"。这个浪漫的国家藏着很多惊喜，我可不愿意只一个人独享。因此，我决定跟你隔空约定，不多不少，就约定10件趣事儿——一起来探索这可爱美妙的法兰西！

　　　　　　　　　　　　　　　　　　　　会坚持给你写信的，爱你的姑姑

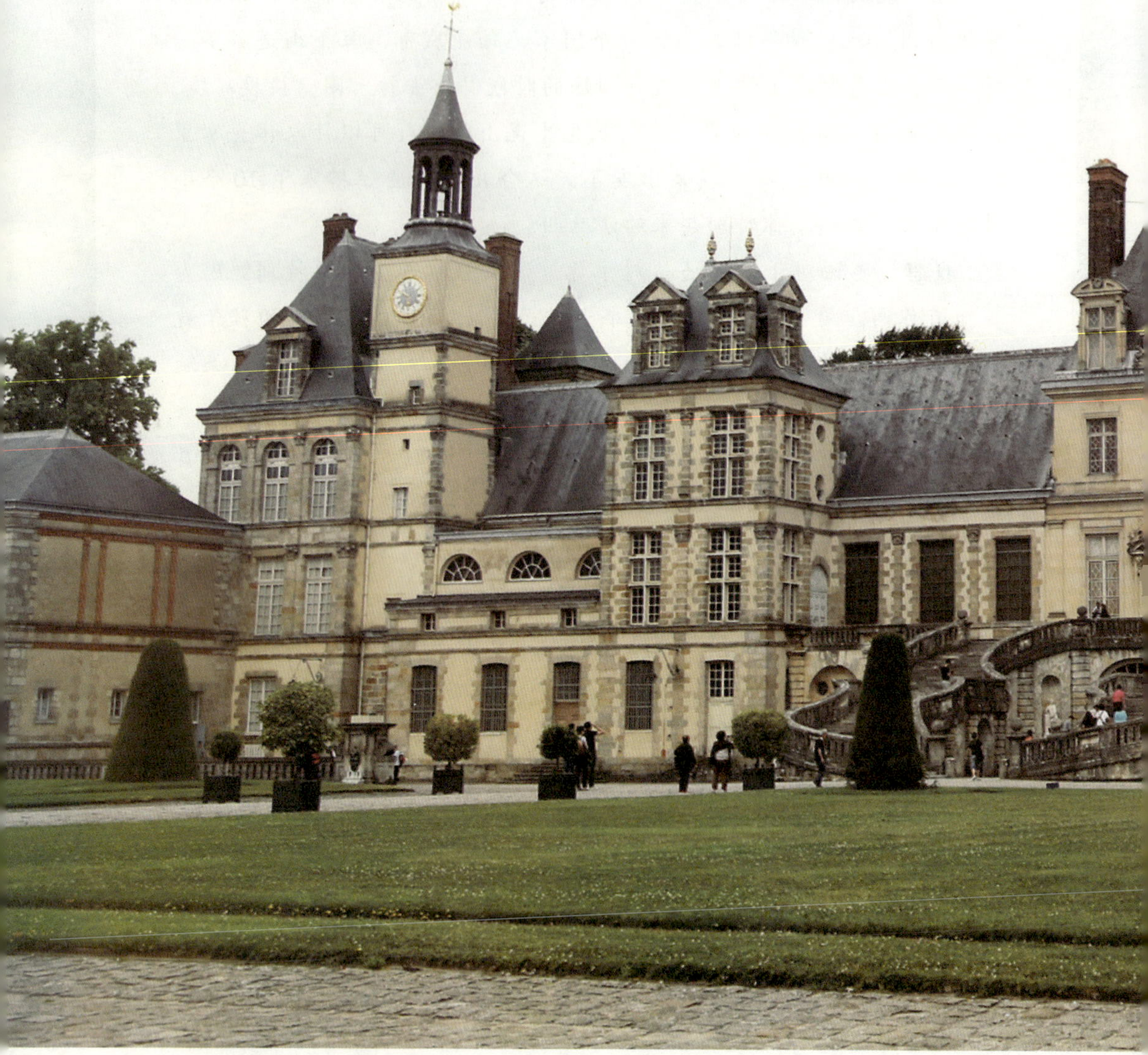

三色法兰西丨受上帝眷顾之地

法国在哪儿？ | 欧洲西部的六边形

> 修斯：
>
> 　　你好吗？
> 　　我现在正在巴黎（Paris）——法兰西的首都——给你写这封信，想告诉你法国是个多么可爱的地方。

　　法兰西就是我们常说的法国。法国国名的法语是"France"（和英语中"France"的拼写一样），这个词儿的法语发音差不多是"福航斯"，听起来和"法兰西"很相近，对吧？法国的全称是"法兰西共和国"（République française），"法国"其实是一个简称。

　　法国位于亚欧大陆的最西头，紧邻大西洋；中国则把守着亚欧大陆的最东端，紧邻太平洋。如果说身在北京的你是这片大陆上最早迎接太阳的人之一，那么在巴黎的我可能是这片大陆最晚和太阳说再见的人啦，听起来是不是很有意思？

　　如果现在是夏天，法国和整个欧洲就都处于夏令时的阶段，我和你之间有 6 个小时的时差——你比我早 6 小时。也就是说，我在早上 6 点钟起床时，北京时间已经是中午 12 点，你在吃午饭；而我吃午饭的时候你就该吃上晚饭了。每年的 10 月底到次年 3 月底，法国将恢复标准时间，那样我们之间就有了 7 个小时的时差。另外，法国的地理位置偏北，所以夏天的日照时间和冬季的天黑时间都特别长。修斯，联系你所学过的极昼现象就明白啦！

时区表

西十一区	东西十二区	东十一区	东十区	东九区	东八区	东七区	东六区	东五区	东四区	东三区	东二区	东一区	中时区	西一区	西二区	西三区	西四区	西五区	西六区	西七区	西八区	西九区	西十区	西十一区	东西十二区
				中国所在时区									法国所在时区												
子夜12时				下午6时									正午12时						上午6时					子夜12时	

　　法国人习惯于把自己的全部领土划分成两个部分——在欧洲大陆上的领土和地中海上的科西嘉岛；他们管这两个部分相加叫作"法国本土"。这块"本土"的面积大约是55万平方公里，相当于四川省加上重庆市的面积吧。跟咱们中国比起来，法国的领土面积肯定算是小的了，可是在欧洲国家里却能排到第3位，只有俄罗斯和乌克兰的领土面积比法国的大。

　　除了本土之外，法国的领土还包括散布在全球各地的"海外省"和"海外领地"。比如在南太平洋中部，离澳大利亚不远的大溪地（Tahiti）就是法国的一部分，是法属波利尼西亚群岛中的最大岛屿之一；南美洲巴西旁边的法属圭亚那（Guyane Française）也是属于法国的一个"省"，那儿的98%都是热带雨林，这片热带雨林很特殊——位于南美洲却属于法国。除此之外，法国的海外领地还包括分布在印度洋、加勒比海等地方的大大小小的岛屿，风光都很优美。等你长大了，一定要找机会去这些地方看一看，既是逛法国，也是在环游世界呢。本土加上所有的海外领土，法兰西共和国的总面积大约是64万平方公里。

　　接下来，我的介绍将主要着眼于法国本土——法兰西文明的发源地。法国本土的主体在地图上的形状近似一个漂亮的六边形。是的，欧洲大陆上的法国就像个六边形，像下面这个样子：

欧洲大陆上的法国国土形状和刻着六边形图样的法国硬币

很多与法国相关的标志都会有"六边形"这个元素。法国政府还曾经发行过刻有六边形图样的硬币，法国人也习惯把自己的国家称为"六边形"，法国小朋友要画自己国家的地图可比你画中国地图容易些。

"六边形"的周围有很多著名的邻居国家——比利时、卢森堡、德国、瑞士、意大利、西班牙等，隔海相望的还有英国。另外，法国还和欧洲著名的"迷你国"摩纳哥、安道尔接壤。这个"六边形"依山傍水，在地球上的位置真是得天独厚。六边形法国的三边临海，从有冰冷洋流穿越的英吉利海峡，到宽广的大西洋，再到温暖的地中海；她的另外三边连接着欧洲最有名的比利牛斯山脉和阿尔卑斯山脉，精彩激烈的环法自行车赛的山路赛段就是在这两座山脉里穿行。在法国和意大利的边境上，耸立着海拔 4810.45 米的欧洲最高山峰勃朗峰（Mont Blanc）。在这个六边形里，既有动植物品种繁多的湿地，也有春天开油菜花、夏天长向日葵的大平原，还有森林茂密的中部高原，自然环境多姿多彩，物产也特别富饶。由于气候适宜、土壤肥沃、雨水充足，几乎所有你喜欢的农作物都适宜生长，简直是"种什么长什么"，因此法国成了欧洲最重要的农业大国。在如此舒适的环境里，法国人可以尽情地享受大自然：河边野营、山上滑雪、海中畅游……难怪好多人都很羡慕，说"上帝真是眷顾法国人"。

法国之所以物产丰富，还和密布法国全国的大河小溪有关。法国本土有4条大河：卢瓦尔河（Loire）、塞纳河（Seine）、加龙河（Garonne）和罗纳河（Rhône），62%的土地都在这4条大河的怀抱之中。除此之外，欧洲著名的莱茵河（Rhin）、默兹河（Meuse）也流经法国。河水滋润着土地，养育了多种多样的生命，也孕育出法国的多样文化。如果你沿着法国的河流去旅行，可以很方便地游览各式各样的城堡、庄园、酒庄等历史遗迹，领略每条河流不同的故事与传说。

没错儿，法国是世界上最受欢迎的旅游目的地之一！在这个海岸线绵长、山川河流环绕的六边形中，分布着文化氛围浓厚的城市，还有景色优美而宁静的农村，更有不同景色的海滩、雪山。全法国有37个联合国教科文组织（UNESCO）评定的"世界文化遗产"。除了著名的皇宫、城堡和博物馆，法国还有圣雅各伯朝圣之路和圣米歇尔山等宗教重地，每年都能吸引众多来自全球的基督教朝觐者。

上 | 圣米歇尔山大教堂
下 | 枫丹白露宫

007

与法兰西的10个约定

上 | 诺曼底海边风光
下 | 雪中村庄

看到这儿，你是不是对法国有了初步的了解呢？

现在，我来考你两个小问题——

第一个问题：六边形的法国都和哪几个欧洲国家接壤？

第二个问题：现在正值8月，假设你在早上6点起床，这时候身在法国的我是在几点呢？

好好享受暑假哟！

姑姑

国家的象征丨国旗、国徽、玛丽安娜和高卢雄鸡

小可爱修斯：
在巴黎晒太阳的我感觉好舒服！
我想先给你讲讲法国的几个象征。

我们说过，法国有个别名叫作"六边形"，对吧？不过，六边形只是法国国土的简化形状，并不是法国官方的国家象征。

说起最重要的法国国家象征，那当然要数法国国旗。那是一面蓝、白、红的三色旗。因此，法国人有时候也管自己的国家叫作"蓝白红之国"，还会把他们的国旗简称为"三色旗"。蓝、白、红的法语分别是"Bleu，Blanc，Rouge"（发音类似于"布勒、布朗、沪日"）。要是和法国人谈起这三种色彩，他们一定会很开心的，觉得你很懂他们。另外，很多与法国有关的商店或电影都会用上蓝白红的三色标志。

法国国旗中藏着一个有趣的小秘密——她的"蓝、白、红"各色面积的比例不一样，并不是大家一般认为的各占三分之一，而是30∶33∶37。可为什么是这样的呢？

其实，最初的法国国旗是按蓝、白、红三种颜色同宽的尺寸做成的。但是人们后来发现，按照这种比例，三种颜色的视觉效果显得不同宽、不协调：白色很亮，看起来特别宽；红色在最外，看起来最窄。为了克服这种错觉，法国人就把蓝色的部分变窄，把红色部分加宽，直到人眼看上去觉得非常自然和匀称，从而确定了今天的比例。

▎比例为30∶33∶37的法国国旗▎

009
与法兰西的10个约定

直播时常用的比例

法国公文中的常见标志

　　法国人在使用国旗时还特别注重视觉效果。在电视直播时，电视台会使用白色色带特别窄的样式做背景，这样一来，三色的国旗在电视上展示出来时，才不会把两侧的蓝色或者红色部分挤出画面去。

　　法国的蓝白红国旗是按照：左边蓝、中间白、右边红，记住——三条竖着的色带从左到右排列。世界上还有许多国家也用这三种颜色作为自己国旗的配色，但是排布的顺序不一样。荷兰的国旗是从上到下的红白蓝，俄罗斯国旗是从上到下的白蓝红，小修斯，千万不要混淆了。

　　"法国国旗为何使用蓝白红三色？"关于这个问题的解答存在着各种不同的传说。但经过历史发展，如今这三种颜色呼应着法国的国家格言"自由、平等、博爱"。在法国诸多国家机构的门口或者许多法国公文的左上角，你都能发现一个法国国旗标志，标志下方写着法国的法语全称"République Française"，全称旁又总会标示着三个法语单词"Liberté，Égalité，Fraternité"，意思是"自由、平等、博爱"，就像左下图所展示的一样。

修斯，我想你一定挺好奇：为什么那个标志中的法国国旗上还有个"美女"头像呢？她就是法兰西共和国的另一个重要象征——玛丽安娜（Marianne）。她是自由和理性的象征。她的形象遍布法国各地。例如在巴黎，无论是共和国广场还是民族广场的中央，都矗立着巨大的玛丽安娜铜像。在法国的邮票和钱币上，我们也都可以看到玛丽安娜的形象。有关玛丽安娜、法国国旗、法国格言的最著名的画作被收藏在卢浮宫里，那就是《自由引导人民》。

左 《自由引导人民》
右 邮票上的玛丽安娜

修斯，我想到要和你做的第一个约定了——一起来到巴黎，从这里的邮局寄明信片回中国。

我想，你可能还从来没写过明信片，也没有去过邮局；快递叔叔你倒是一定很熟悉，可是邮递员叔叔，也许你压根儿没有见过呢。现在的孩子们用的都是电子邮件和微信了呢。其实，在异乡给挂念的人，哪怕是给自己寄一张明信片都是件特别美好的事情。收到手写的明信片，往往更能够感受到温馨和幸福。你希望谁能收到你寄出的明信片呢？想象一下收信人的惊喜和快乐吧。

介绍完了国旗，自然还要说说国徽。不过，有些令人惊讶的是，法国并没有固定的国徽。我们有时候会看到一个象征权威的束棒，束棒的中部悬着一面盾，盾上有法国国名缩写"RF"，盾的两侧边缘上分别是代表和平的橄榄枝和突显坚忍的橡树枝条，这就是法国曾经向联合国提供的国家标志。大部分情况下，法国政府在使用国家徽章时都不太严格，常将"RF"字母组合、蓝白红三色、旗帜（或盾牌）的形态组合起来使用。

有鹰头和狮头装饰的束棒和带 RF 标志的三色盾

国歌也是一个国家的重要标志。法国的国歌是《马赛曲》（La Marseillaise）。这是一首很老的曲子，创作于 1792 年，在 1795 年时成为法国国歌。《马赛曲》这个名字的由来是：路易十六时期，巴黎发生了一场改革起义，许多来自马赛的义勇军前来支援巴黎的革命军，他们在支援之路上唱响了这曲子。只是，《马赛曲》在作为法国国歌的历史中还发生了点儿曲折，在一段历史时期中《马赛曲》曾被禁唱，直到 1879 年，法兰西第三共和国才将之重新定为国歌。第二次世界大战胜利后，法国通过宪法明确指定《马赛曲》为国歌。《马赛曲》是一首听来特别振奋人心的进行曲，因此也有人把它叫作《马赛进行曲》。

除了这些标志，法国还拥有一个有趣的国家代称——"高卢雄鸡"。高卢雄鸡这个昵称可以追溯到古罗马帝国时代，那时的这片区域（当时还没有"法国"这个说法儿呢）被称为 Gaule，也就是高卢；高卢人（Les Gaulois）这个单词在拉丁语中有另一种意思——雄鸡。于是，高卢雄鸡就随着时间逐渐成为法国的象征。

法国人喜爱雄鸡警惕、勇敢的优秀品质。法国总统府爱丽舍宫（Palais de l'Élysée）的大门口上方就有个"大公鸡"雕塑，法国国家足球队的标志上也一只雄赳赳的"大公鸡"，代表着高卢，代表着法国。

这么看来，法国还真是和中国挺有"缘分"的——咱们中国也是一只"大公鸡"呢。你想象一下，两只雄鸡分别挺起胸膛，站在欧亚大陆的两头，太有画面感了！

三色旗、玛丽安娜、"自由、平等、博爱"、《马赛曲》和高卢雄鸡，都经常被用以代表法兰西；但官方的、在法国宪法中做出规定的法国国家象征只有一个，那就是——法国国旗。

小修斯，你还记得法国国旗三种颜色的排布顺序是怎样的吗？
——是蓝白红？还是红白蓝？

知道你还小不能喝咖啡，
但很想请你一起喝咖啡的姑姑

013

与法兰西的 10 个约定

法国人说什么？ | 101 个省份编号

咱们之前说到，法国在欧亚大陆上的国土面积只相当四川省加上重庆市那么大，那么法国有多少个省呢？你很难想象到，面积如此小的法国本土上足足有 96 个省，加上她的海外领地，法国一共有 101 个省！101 个，你一定惊讶坏了。只是，法国的"省"和中国的"省"意义不同，因为"省"（département）在法国并不是最高级别的行政区划。

法国的最大行政区划是"大区"（région），除 5 个海外领地在外，法国一共有 13 个大区。大区议会管理着该地区的经济、社会等领域的大多数事务，每六年进行一次普选，由当地居民投票决定。科西嘉地方行政区域的地位较特殊，跟一个大区相当，但比别的大区拥有更多权力，有点儿类似中国的自治区。

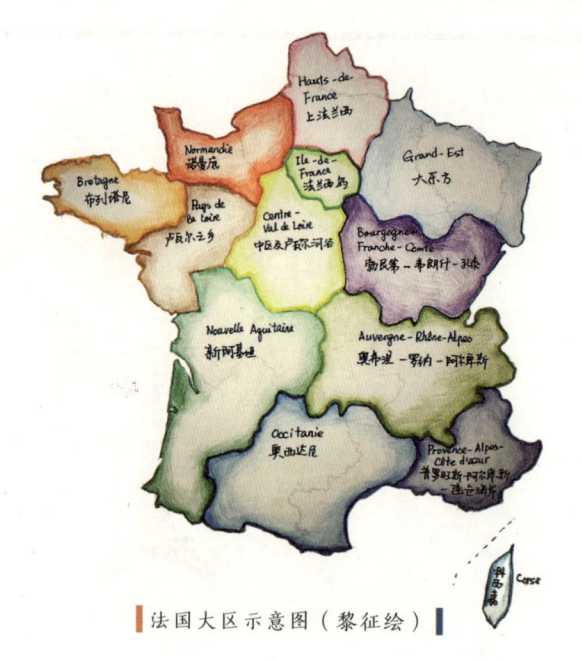

法国大区示意图（黎征绘）

以前，法国有22个大区，区的划分更加复杂，如下表，大区的名字也都比较传统，很多地区本身长久以来就是文化遗产。为了经济发展之便，2016年时法国将几个大区作合并，给新的大区起了新名字，比如："上法兰西""大东方"，这样的起名方式还真是一目了然、直接简单呢。

新旧区划对照表

原有	现有
法兰西岛	法兰西岛
中央－卢瓦尔河谷	中央－卢瓦尔河谷
卢瓦尔河之乡（地区）	卢瓦尔河之乡（地区）
普罗旺斯－阿尔卑斯－蓝色海岸	普罗旺斯－阿尔卑斯－蓝色海岸
科西嘉	科西嘉
北部－加来海峡	上法兰西
皮卡第	
上诺曼底	诺曼底
下诺曼底	
勃艮第	勃艮第－弗朗什－孔泰
弗朗什－孔泰	
罗讷－阿尔卑斯	奥弗涅－罗讷－阿尔卑斯
奥弗涅	
南部－比利牛斯	奥西达尼
朗格多克－鲁西永	
香槟－阿登	大东部大区（大东方）
洛林	
阿尔萨斯	
普瓦图－夏朗德	新阿基坦
利穆赞	
阿基坦	

"大区"以下的行政区划才是"省"，每一个大区含有数量不等的省。省这个行政划分在法国出现得比较早，是在1790年的法国大革命中建立起来的，直到现在也没有太大变化。可是这么多个省，该怎么记得清楚呢？法国人民找到了一个方法，他们把几乎所有的省按照首字母的顺序编排了号码。"01"这个编码就属于一个叫作"安"（Ain）的省，位于法国东部和瑞士接壤的地方。海外省的编号则比较特殊，比如"瓜德罗普"（Guadeloupe）编号为"971"。但最特殊的编码属于科西嘉岛，小小的科西嘉岛（Corse）上有两个省：一个是南科西嘉省（Corse-du-Sud），在岛的南部，编号是2A；一个是上科西嘉省（Haute-Corse），位于岛的北部，编号是2B。这些编号被广泛使用着，包括使用在身份证和车牌上，法国几乎所有的证件都按照省编号统一发放。

　　巴黎城区的邮编是"75"打头，也就是它的省份编号；你爸爸很喜欢来自波尔多的红酒，那些酒的标签上都会标注着"33"；法国人在填写自己的出生地时，很多时候也只需要填写编码，非常方便。这大概就是法国最传统的数字化管理模式了。不过，法国的小朋友们在学习地理时就有些"可怜"了，因为他们得记住这101个省编号。"外国人"在法国使用的证件上也有统一的编号——"99"。

　　省以下的行政划分是"区"（arrondissement），和我们之前说过的"大区"并不是一回事儿。法国的区又可以分作两种，省区（arrondissement départemental）和市区（arrondissement municipal）。省区是省下划分的行政区域，市区只三座大城市有——巴黎、马赛和里昂。再往下是"县"（Canton），县下面才是市（Commune）。法国人平时不太在意"区"和"县"的行政划分，最在意的还是他们生活的市。截止到2017年1月1日，全法国有35416个市。不过这个数字并不固定，法国人口少、流动大，城市的数量容易产生变化。你瞧，到了2018年1月1日，法国城市数量就变化成了35360个。在法国，拥有超过2000个常住人口就算"市"啦！2000人？中国有着四五栋楼的小区的人口都能比法国一个市的人多！因此，法国的很多小城市在中国人的眼里就相当于小村庄，而在法国人的概念里那就是实打实的"市"。法国人的眼中，一个管理着2000人的市长和一个管理着20万人的市长同样都是市长。说到人口，我要告诉你：全法国的总人口大约是6600万，跟中国湖南省的人口数量差不多。

> 聪明的小修斯：
> 又到了我的提问时间了，这6600万的法国人说什么语言呢？
> 是不是觉得这个问题太——简单了？
> 你肯定会这么回答："法国人当然说法语喽。"
> 答案并不只是这么简单哟。

法国人当然说法语，法语是法国唯一的官方语言，大部分的法国人也仅仅会说法语。可是法国还有很多地方性的语言，比如：法国北方的人们说弗拉蒙语；西部的布列塔尼半岛上，人们说布列塔尼语；在靠近西班牙的法国南部，人们说和西班牙语很接近的加泰罗尼亚语；科西嘉岛上的人自然就说科西嘉语。值得一提的是：法国历史上最重要的人物之一拿破仑就来自科西嘉，他刚从岛上来到法国大陆的时候还根本不会说法语呢！

为了统一和沟通，法国政府曾经一度禁止民众们说地方语言。然而近些年来，法国人意识到传统的地方语言的重要性，许多地区的小学也因此开设了地方语言课程——布列塔尼的小朋友现在可以在学校里学到传统的布列塔尼语了。而法语仍然是所有法国孩子必须学习的，就和你上语文课时必须学习中文一样。

法国各地区的人们在说法语时，发音有区别：南方人听不懂北方人的一些口语，北方人则觉得南方人的语音语调很有趣。一方水土养一方乡音，这和中国大江南北每个地区口音不同是一样的。令人有些意外的是，全法国法语发音最标准的地区并不是首都巴黎，而是巴黎往南的卢瓦尔河谷地区，那里的图尔（Tours）是法兰西中世纪时的古都，图尔人说话特别清晰，特别好听。

法语是世界上最重要的语言之一，也是联合国工作语言之一。加拿大的魁北克地区有很多人都使用法语，非洲也有很多地区的人们说法语；世界上共有40多个国家和地区都以法语为官方语言，仅在欧洲就有5个以法语为官方语言的国家，全世界大约有1亿人的母语是法语。

法语是一种非常严谨的语言，法语中的名词和形容词有很多细分词，例如：羊、绵羊、小绵羊、公绵羊和母绵羊，在法语中都分别有不同的单词对应。也正是因为法语如此严谨，重要的官方组织和机构才纷纷将法语作为正式的行政语言，正如刚才提到的联合国，还有欧盟、北约、奥委会、世贸组织、国际红十字会，等等。回忆一下，你在看奥运会比赛的时候，是不是总能听见官方解说员使用法语宣布每一项日程？

法语被人们认为是一种美丽的语言，甚至有人觉得法国人说话时，就像是在唱歌儿。对了，法语中"歌曲"这个词写成"chanson"，中文发音听起来像"商颂"。只是不知从何时起，中国人习惯把"chanson"翻译成"香颂"，因此你常听到人们说的"法国香颂"指的就是"法国歌曲"，并不是指什么香水，也不是哪一类面包。

那么，法国人说英语吗？是的，法国学生也要学习英语；还有西班牙语、德语也是法国学生最常选学的外语；受外来人口的影响，阿拉伯语也是法国人常常接触到的外语。随着中国在世界上的影响力的不断扩大，法国人已经逐渐认识到中文的重要性，现在，中文在法国人最想学习的外语中排名第五。

> 总结一下：面积不大的法国有很多个省，人口不多的法国说很多种语言。这个国家有很多有趣的事情呢。
>
> 说到这儿，姑姑我要跟你约定第二件事儿啦——学唱一首法语小曲儿。咱们挑一首你肯定一学就会的曲子，曲子的名字叫作《杰克兄弟》（*Frère Jacques*），为什么一学就会呢？因为它的曲调就是我们熟知的《两只老虎》，也就是说，法国版的"两只老虎"实际上是"兄弟俩"，是不是很有趣？当然啦，我想你可能还想学法语版的《冰雪奇缘》主题曲，我知道你很喜欢这首歌的英语版哟。
>
> 祝愿你早日学会法语的姑姑

语言课丨修斯的法语时间 I

法语字母表

大写	小写	音标	大写	小写	读音
A	a	[a]	N	n	[ɛn]
B	b	[be]	O	o	[o]
C	c	[se]	P	p	[pe]
D	d	[de]	Q	q	[ky]
E	e	[ə]	R	r	[ɛ:r]
F	f	[ɛf]	S	s	[ɛs]
G	g	[ʒe]	T	t	[te]
H	h	[aʃ]	U	u	[y]
I	i	[i]	V	v	[ve]
J	j	[ʒi]	W	w	[dubləve]
K	k	[kɑ]	X	x	[iks]
L	l	[ɛl]	Y	y	[igrɛk]
M	m	[ɛm]	Z	z	[zɛd]

　　法语字母也有 26 个——和英语一样，法国人总是自豪地说英语中的很多单词来自法语。你在法国可以看到很多和英语拼写一样的法语单词，它们的意思也基本一样，只是发音不太相同。法语 5 个元音 a、e、i、o、u 的发音更像咱们的汉语拼音，念出来像"啊、额、一、哦、瘀"。剩下的 21 个辅音字母的发音则和英文差不多，只是 r 比较特殊，发音时有一个颤抖的舌音，听起来像在漱口，较难发音，我们简单地将它形容成"哎喝"好了。另外，法国人念 c 和 k，d 和 t 的时候听起来很接近，因此有些含这两组辅音的单词在中国人听起来很容易混淆，在听到这些词的时候就常常需要向法国人确认一下单词的拼写才好区分。最后，再说一件有趣的事儿，

法国人念 h 的时候几乎是不发音的（他们自己觉得自己发了个气音）。所以，当法国人说英语中的 hungry（饥饿）和 angry（生气）的时候，听起来几乎没有任何区别！

法国国名的发音

法国国名的法语拼写是 France，发音听起来像"福航斯"（fu-hang-si）。

"法语"这个单词的拼写是"Français"，念作"福航塞"（fu-hang-sai）。

"法国人"是"Française"，念成"福航塞斯"（fu-hang-sai-si）。

著名地点的单词拼写和发音

法国首都巴黎（Paris），法语发音念作"ba-hi"，其中的"ris"念成"hi"，其实还包含着个颤音，我们就暂且忽略吧。南部著名城市尼斯（Nice），就念作"ni-si"；戛纳（Cannes）念作"gan-na"。

以下表格中是一些巴黎的著名景点，小修斯，你可以记住它们的拼写和发音，在旅行问路时是很有用的哟。

景点	法语拼写	简称	法语发音参考	听起来像中文里的
歌剧院	Palais Garnier	Opera	Oh-pei-ha	哦 佩 哈
卢浮宫	Le Louvre	Louvre	Lu-v-he	路 伏 喝
奥赛博物馆	Musée d'Orsay	Orsay	O-h-sai	奥 赛
凯旋门	Arc de Triomphe	Arc de Triomphe	A-c De Ti-yong-fu	阿克 的 提用付
埃菲尔铁塔	Tour Eiffel	Tour Eiffel	Tu-he Ai-fai-le	图和 爱发了
塞纳河	La Seine	La Seine	La San-ne	拉 散呢

法国的城市丨巴黎和巴黎以外

亲爱的小修斯：

　　这是我待在巴黎的第 N 天啦。你一定要问我"为什么在这儿还没待够？"那是因为巴黎是法国的首都，也是法国最大的城市，可逛的东西可多啦！

　　巴黎市区和郊区的人口加起来有 1200 万左右，也就是说，全法国超过 1/6 的人口都聚集在巴黎，这里每年为法国贡献国内生产总值的 1/4。

　　整个巴黎可以分为大巴黎（地区）和小巴黎（地区）：大巴黎是指巴黎和法兰西岛大区，小巴黎则指巴黎的城区（邮政编码"75"打头的那一部分）；小巴黎就像个鸡蛋黄，大巴黎像是包围鸡蛋黄的鸡蛋清。巴黎是世界上最受欢迎的旅游城市之一，每年大约有 4200 万游客来到这里参观游览。巴黎有太多的著名景点不能错过：塞纳河、香榭丽舍大街、巴黎歌剧院、凯旋门、协和广场、埃菲尔铁塔……样样都称得上法国人引以为傲的法兰西标志。巴黎还有世界上最著名的博物馆，如卢浮宫、奥赛博物馆、蓬皮杜艺术中心，参观巴黎的美术馆是法国中小学生最常见的春游项目。

上 | 卢浮宫广场上的玻璃金字塔
下 | 蓬皮杜艺术中心的外部装饰面

022

修斯的秘密笔记

如果你和法国人聊起巴黎，他们就会告诉你：法国分为两大部分——巴黎和巴黎以外。巴黎叫作"巴黎"，巴黎以外叫作"乡下"。这话的意思其实是：巴黎与法国的其他地区有很多区别。巴黎人有时候不像法国其他城市的居民那样淳朴好客，甚至有不少外国游客觉得巴黎有点儿脏乱差。可是巴黎确实拥有百年不变的奥斯曼建筑、实用便利的城市布局、世界上最珍贵的艺术宝藏、众多的时尚品牌、各种不可取代的咖啡馆，这些都是世界上其他城市无法取代的。世界很大，我们总愿意出去走走，感受巴黎一定是必需的一步。

要是你来到巴黎游玩，可以注意一下巴黎市内的邮政编码——从1到20，将巴黎分成了20个区。这20个城区像一只蜗牛一样圈成了可爱雅致的巴黎。我来做个小提示：巴黎最经典的景点一般在1—5区，也就是塞纳河的两岸，要是时间并不充足的话，那么建议优先选择这几个区进行游览。18、19、20区的治安稍微有点儿不安全，千万不要独自前往哦。得到了这个小提示后，修斯你要注意提醒同学，也要提醒自己的爸爸妈妈。

除巴黎之外，法国还有很多值得游览的城市。在巴黎的协和广场上有8尊女神像，分别代表着19世纪法国最重要的8座城市——鲁昂（Rouen）、布雷斯特（Brest）、里尔（Lille）、斯特拉斯堡（Strasbourg）、波尔多（Bordeaux）、南特（Nantes）、马赛（Marseille）和里昂（Lyon）。这些城市各有特色，有些已经落寞，有些愈加辉煌。马赛、里昂、波尔多、里尔、斯特拉斯堡和南特至今还是法国最重要的城市。

作为法国的第二大城市以及法国最大的商业港口，马赛拥有世界闻名的古老海港，那里停靠着众多漂亮的白帆船，当地还有很多好吃的。对于马赛人来说，马赛足球队是他们的骄傲——它多次赢得过法国足球甲级联赛的冠军。

法国的第三大城市是里昂，它靠近法国的东南部，在去往阿尔卑斯山的必经之路上。里昂非常古老，是古罗马高卢时期的遗迹所在处，那里还有很多特别壮观的壁画。

波尔多这个城市，你一定听说过，它现在是法国第五大城市。除了红酒之外，波尔多的牛排也很美味，那里还有数量壮观的美丽建筑。姑姑我最喜欢的是波尔多的月亮湾，搭配上周边的特色建筑，真是美轮美奂，也因此成了联合国教科文组织认可的世界文化遗产。2015年，波尔多曾赢得"欧洲最佳目的地"的称号。

波尔多城市的日常景观

　　靠近德法边境的斯特拉斯堡很独特，那里的城市建筑与别处的不太一样，特别像风景画。你喜欢宫崎骏的漫画，里面的很多场景就参考了斯特拉斯堡附近的小城。斯特拉斯堡就像法国和德国的"爱情结晶"，两种不同的文化融汇、融合着。那里还有欧洲最盛大、最古老的圣诞集市，在冬天里来到法国，就应该去斯特拉斯堡喝上一杯热红酒。

　　里尔是法国北部最大的城市，也是法国去往欧洲北部的重要交通枢纽城市，开往英国伦敦的"欧洲之星号"要经过里尔，去比利时布鲁塞尔的"大力士火车"也在这里停靠。从荷兰、卢森堡前来的游客都喜欢在里尔稍做停留，然后再去往法国的其他地区。每年九月，里尔都开办欧洲最大的跳蚤市场，为期三天。在这个跳蚤市场上，你可能会淘到特别古老的留声机、某些名人的油画、旧书、经典的珠宝，等等等等。里尔还是个著名的"大学城"，曾经被评为"欧洲的文化首都"，还和中国上海是"友好姐妹城市"呢。

　　值得一看的法国城市还包括南特，它曾经被《时代》杂志评选为最适合居住的欧洲城市。南特有着著名的机械城岛公园，还有法国最著名的零食——小黄油饼干。南特公爵城堡被称作"法国博物馆"，展示着布列塔尼地区和整个法国的历史。

024
修斯的秘密笔记

另外，尼斯（Nice）、戛纳（Cannes）、图卢兹（Toulouse）也都是法国的重要城市。

尼斯是南法最重要的度假城市，在那儿，全年80%的日子都是晴天。英国人特别喜欢到尼斯晒太阳，于是那儿的著名滨海大道就被称作了"英国大道"。尼斯还有许多美术馆，你能在其中欣赏到马蒂斯和夏加尔的名画。

尼斯旁边就是戛纳。戛纳很小，只用两个小时就能逛完。可是戛纳在世界上享有很重要的地位，每年的五月中旬，欧洲三大电影节之一的戛纳电影节都在万众期待中准时开幕。

尼斯和戛纳所在的蓝色海岸（Côte d'Azur）每年都要接待约1000万名游客，是法国的第二大旅游目的地。

| 晚霞中的尼斯 |

位于法国西南部加龙河畔的图卢兹是法国的第四大城市，这座城市大致处于大西洋和地中海连线的中点。图卢兹是欧洲航天产业的基地——空中客车公司（Airbus）、伽利略定位系统、SPOT 卫星总部、法国国家太空研究中心的图卢兹航天中心，以及欧洲最大卫星制造商都扎根于这个城市。图卢兹大学创办于1229年，是欧洲最古老的大学之一，与里尔大学并列为法国的第三大大学校园，仅次于巴黎大学和里昂大学。图卢兹这座城市拥有独一无二的建筑，它们绝大部分是使用当地特有的红土砖建造的，在日光的照耀下能展现出不同的色彩；尤其在日落之时，整个城市都会被映成玫瑰色，图卢兹也因此被称为"玫瑰之城"。

> 姑姑我已经在法国待了很久，依然总有种"逛不完"的感觉，甚至随着越看越深入，反而越来越觉得法国有发掘不尽的动人之处。
>
> 每个城市的风情都不相同，每个角落都隐藏着有趣的故事。就像这个我已经来过1800次的巴黎，依然还有很多地方是我想去看看却还没有去过的呢。
>
> 想邀请你一起去波尔多吃牛排的姑姑

026

修斯的秘密笔记

法国与世界丨中国的好朋友

修斯小朋友：

　　我们说过了一些具有代表性的法国城市，也知道了法国是世界上接待游客人数最多的国家。你是不是产生了一个疑问——除了旅游资源，法国还有些什么呢？

　　法国的好东西可多啦，她是世界上重要的经济强国、全球第六大经济体，在"2015年财富世界500强"的榜单中，31家法国企业榜上有名。

首先，法国地理位置好，物产丰富，是世界第三大农产品出口国。肥沃的田土和先进的技术使法国成了世界领先的农业生产国，农业生产量达到了欧洲总量的20%，产品包括牛奶、各种乳制品、各类肉质产品、水果、海鲜，还有被国际认证的各类加工食品。法国全国遍布着各种葡萄酒产区，波尔多葡萄酒享誉全球（这你一定知道），法国香槟酒也闻名世界。巴黎的附近就有很多大农场，这些农场生产出了可供全欧洲人民食用的各种粮食。小修斯，你最爱吃意大利面了，制作意面的面粉大部分都是从巴黎产出的。诺曼底、布列塔尼、中央高原和西南山区的畜牧业很发达，除了生产出优质的肉制品，鹅肝也是这些地区的特色产品。现在，在中国的超市里就能很方便地购买到各种法国食品，除了备受欢迎的葡萄酒，还有果酱、酸奶、饼干等各种产品。我要告诉你个小秘密，中国人爱吃的"凤爪"其实有很大一部分是从法国进口的——虽然法国人自己倒是不吃鸡爪子。

其次，法国是世界上工业最发达的国家之一，她的航空技术和石油工业技术仅次于美国，居世界第二位。除了我们说过的空中客车的集团总部设在法国，法国达索公司更是世界军用飞行器制造业中的主要企业。在航天科技方面，法国有著名的圭亚那太空中心。法国的汽车制造业在国际上也处于上流水平，拥有标志（PEUGEOT）、雪铁龙（CITROÉN）、雷诺（RENAULT）等几个大型汽车品牌，以及世界第二大轮胎及橡胶制品制造商米其林（MICHELIN）。法国纺织工业也具有较高地位，在拥有全球最先进的技术的同时，依旧保留着很多传统的欧洲纺织技术，英国王室婚礼所用的婚纱大都来自法国。

再次，法国是个很重要的能源生产国。2012年，法国发电量排在全世界第八位，当年的伦敦奥运会的供电便是依靠着法国。法国电力公司就是法国的主要发电及供电公司，也是世界上规模最大的电力供应商之一，它在2003年的发电量占同年欧盟总发电量的22%。法国的主要发电方式是核能发电，总发电量的75%来自全国的59座核电站。水力和太阳能也是重要的发电来源，因此，游客们在法国旅游时可以看到遍布法国各处的风力发电机。法国还特别重视使用再生能源发电，连居民家中的厨余垃圾和花园里的枯枝都能够被用来发电。石油能源方面，法国拥有世界石油巨头之一的道达尔石油公司（TOTAL）。

最后，服务业可谓是法国经济支柱行业——零售、房地产、旅游、酒店、运输、娱乐等多种行业都非常发达，超过75%的法国人从事着服务业的工作。家乐福（Carrefour）、欧尚（Auchan）和迪卡侬（Decathlon）都是法国著名的零售企业，雅高酒店集团（AccorHotels Group）更是闻名全世界。

另外，我要补充一点，奢侈品和化妆品制造业算是法国工业中的特殊部分。在这两个领域，法国是世界时尚的风向标，商场里的大品牌，比如爱马仕（Hermès）、路易威登（Louis Vuitton）、香奈儿（CHANEL）、迪奥（Dior）、伊夫圣洛朗（Yves Saint Laurent）和欧莱雅（L'Oréal Paris），都是法国品牌。

法国是欧盟（EU）成员国——正如你所了解到的，欧洲的每个国家都很小，分散的经济交往多有不利，因此许多欧洲国家统一起来联合成了欧盟——法国是欧盟最重要的创始国。加入欧盟的很多国家通行申根签证，并从 2002 年开始统一使用欧元。这样一来，欧洲国家间的经济和文化交往更加方便了，自然也方便了世界各地的游客们——持法国大使馆颁发的签证，你就可以轻松畅游大半个欧洲！

把眼光从欧洲扩展到全球角度来看，法国是世界上最重要的国家之一。她既是联合国安理会的五个常任理事国之一，也是地中海联盟和法语国际组织的创始会员。

法国与中国的交往已经相当久远了，从 17 世纪起两个国家间就有了往来。中国的许多领导人、名人都在法国留学过，例如周恩来和邓小平，又比如徐悲鸿。

20 世纪 60 年代是冷战时期，当时几乎没有西方国家承认中华人民共和国。当时的法国总统戴高乐将军却奉行独立于美国和北约的外交政策，于 1964 年 1 月 27 日率先同中华人民共和国建立了大使级的外交关系，这使得法国成为第一个与中华人民共和国建立正式外交关系的西方大国。1973 年 9 月，法国的另一位总统乔治·蓬皮杜先生成为第一位访问中华人民共和国的法国总统，他的访华之行结束后，法国与中国共同发表了《中法公报》。

说到法国总统，我们还可以简单地说说法国的政体。法国实行"半总统制"，这是一种同时具有"总统制"和"议会共和制"特点的共和制政体。总统是法国的国家元首，也是法国武装部队的统帅，由全体法国人民选出，每五年一次，赋有总统的特殊权力。除了总统，国家还有一个由总理领导的内阁，各部长是内阁成员。换个角度来理解，也就是说法国总统的地位很高，但法国的国事并不是总统一人说了就算的。因此，当年戴高乐总统和中国建交既是他本人的意愿，也代表了法国政府的意愿。

> 总之，自从中华人民共和国成立以来，法国都一直是中国的好伙伴，双方在经济、文化等方面的交流特别多。中法城市之间建立了优良的关系，比如"北京—巴黎""上海—马赛"就是两对"友好城市"。
>
> 喜欢吃鹅肝也喜欢吃凤爪的姑姑

LILLE
HONDSCHOOTE
WATTIGNIES
ARLON
COURTRAI
TOURCOING
WEISSEMBOURG
MAESTR

了解法国历史｜欧洲雄鸡的成长

古代法国 | 高卢和高卢 – 罗马

亲爱的修斯：

　　已经两天没有联系，分外想念你。我计划要去逛一逛法国的各种艺术馆、博物馆，可是在那之前我得先研究研究法国的历史，因为只有了解了法国的历史，才能明白为什么这样的雕塑、那样的画作能在某一个特定时期里创作出来，才能理解那些世界名画里表达的意思。

　　让我们从法国叫作"法国"之前谈起吧。很久很久以前，现在法国所在的这片土地还不叫法国，而叫作"高卢"。

　　早在远古时代，这片土地上就有早期人类居住着。考古学家在希亚克（Chilhac）和莱齐尼昂拉塞布（Lézignan-la-Cèbe）等地都发现了石制工具；在中南部的拉斯科（Lascaux）则发现了著名的画着人和牛形象的洞穴壁画。这些遗迹拥有着几万年，甚至几百万年的历史。

左 ｜ 牛、马形象的洞穴壁画（Prof saxx 拍摄）
右 ｜ 大角鹿石刻壁画

公元前 7 世纪左右，凯尔特人（Celts）开始在法国的东部驻扎。凯尔特人的武装在当时是非常先进的，他们是欧洲最早学会制造、使用铁器与金制装饰品的民族，他们还凭借铁制武器战胜了很多仍处于青铜时代的部落，并且逐渐向全欧洲渗透和扩张。许多欧美的传奇小说里都流传着凯尔特人的故事。考古学家们在法国的勃艮第地区（Bourgogne）发现了不少凯尔特人的大型古墓。2015 年，考古学家们又在奥布省（Aube，省份编号是 10）的拉沃镇（Lavau）发现了一处公元前 5 世纪的凯尔特王室墓穴，那是迄今为止有关铁器时代的凯尔特文化最重要的考古发现之一。这些远古的凯尔特人和 NBA 球队"凯尔特人"可不是一回事儿。

古罗马人把居住在今天的法国、比利时、瑞士、荷兰、德国南部和意大利北部的凯尔特人统称为"高卢人"，把高卢人居住的地区称为"高卢"，高卢的总面积约有 60 余万平方公里，和如今的法国地盘儿大致重合。

"法国＝高卢"这个概念便源于这段历史。也正是因为如此，法国人总说自己是高卢人的后代，用高卢雄鸡代表法兰西民族。

高卢地区的土地肥沃、水源充足、人口稠密，是一块丰饶之地。公元前 2 世纪时，高卢地区已经发展得很是繁荣。高卢还划分出几个部落，部落之间的领土界限非常清晰，这些界限和后来的罗马统治时期的"城市"界限是相吻合的，也和如今的法国的"省"划分相当吻合。

公元前 49 年左右，在经过了长时间的战争后，来自罗马的恺撒（Jules César，公元前 102—公元前 44）统治了高卢，高卢就此成了罗马共和国的一个省。恺撒征服高卢的过程中，高卢人抵抗罗马人进攻的那段历史为法国留下了很多传奇故事，艺术家针对这些传奇故事创作出不少名画，文学家们写出了各种各样的作品。

▎恺撒大帝雕像

其中，法国小朋友们最喜欢的故事叫作《阿斯泰利克斯历险记》（Astérix le Gaulois），又译为《高卢英雄传》。这是一套特别有趣的漫画，主要讲述了高卢英雄阿斯泰利克斯（Astérix）和他的朋友奥贝利克斯（Obelix）依靠智慧、勇气和神奇药水，和罗马人斗智斗勇、保卫村庄的故事。漫画中每个故事的开端都写着同一句话："故事发生在公元前 50 年，高卢地区的全境被罗马占领了……是全境吗？不！因为还有一个村庄，那里居住着顽强的高卢人，他们一直抵抗着侵略。村子周围有四个罗马军营，驻扎在那里的罗马士兵们日子可不好过……"

这部关于阿斯泰利克斯的漫画在法国流传多年，除了和你一样大的孩子喜欢看，和你爸爸妈妈一样大的大人们也很喜欢，法国人都是看着《阿斯泰利克斯历险记》长大的。

在巴黎的郊外，戴高乐机场的附近，你可以找到一座阿斯泰利克斯公园（Parc Astérix），巴黎市内就有去往这个可爱的公园的直达列车。这座公园以"阿斯泰利克斯历险记"为主题，园区内有设计独特的过山车、飞艇，还有梳着辫子、穿着袍子的"高卢人"（由工作人员扮演），公园的整体看起来就像个古老的高卢村庄。阿斯泰利克斯公园很大，足可以玩儿上一整天，你来巴黎游玩儿的时候，可以带着爸爸妈妈一起去。

罗马统治着高卢的这段时期对法国很重要，因为在罗马征服高卢后的 400 多年间，罗马文化和高卢文化在很多方面融汇融合，从而形成了独特的高卢－罗马文化。也就是在那段时间里，拉丁语在法国普及开来，后来经过漫长的年月，逐渐演变成了现代法语。如今法国的部分重要地区也是在那段时间里容纳进来的，比如靠近大西洋的阿基坦地区（Aquitaine）和接近瑞士的勃艮第地区。法国的很多城市也都源起于高卢－罗马时期，例如：里昂、第戎（Dijon）和图卢兹这 3 座城市，就是在高卢－罗马时期时发展起来的。里昂是当时罗马统治下的高卢省的首府，所以，我们在现在的里昂市可以看到建造于公元前 15 年的富维耶山古罗马剧场（Théâtres Romains de Fourvière），这个如此古老的剧场可以容纳 30000 人，至今依然有各种演出在此上演。同在法国东南部的阿尔勒（Arles）曾被誉为"高卢人的小罗马"，现在这里依然保留着许多古罗马时代的遗迹，人们认真维护、修缮着这些宝贵的历史遗迹。

阿尔勒古罗马竞技场

经过修缮的古罗马竞技场

罗马对高卢的统治一直延续到公元 476 年西罗马帝国灭亡为止。之后的欧洲便进入了漫长的中世纪，法国则在不久后的公元 481 年进入了由法兰克人统治的法兰克王国时代，法国之所以被称作法国，就是这么开始的。

法兰克王国｜法国成为法国

> 亲爱的小修斯，听说你看了关于阿斯泰利克斯的动画片，是不是很有趣？
> 动画里讲的是古代高卢人的传说，现在，咱们来说说"真正的法国"的历史发展吧。

高卢 – 罗马统治逐渐崩坏了。随着西罗马帝国的衰落，来自日耳曼地区的法兰克人逐渐掌握了高卢这片土地。法兰克人来自莱茵河附近的法兰西亚（Francia），他们的民族叫作"法兰克"（Francs），我们所熟悉的"法兰西"这个名字便起源于此。

公元 481 年，法兰克的克洛维一世（Clovis I，466—511）统一了各个部落，成为整个高卢地区的领导人，建立了法兰克王国。

为了使法兰克王国更为正统，权力更加稳固，克洛维一世在其妻子勃艮第公主克洛蒂尔德（Clotilde，474—545）的劝说下，放弃了大多数日耳曼人所信奉的传统教派，转而皈依天主教。公元 496 年 12 月 25 日的圣诞节，克洛维一世在兰斯（Reims）大教堂接受了洗礼，成为天主教徒。克洛维一世的皈依在法国乃至整个西欧的历史上都非常重要：从他的皈依开始，天主教教会与法国国王从此成为同盟，开始互相保护和支持，一同发展、扩张到整个西欧。法兰克王国的领土很广阔，包括现在的德国、意大利的部分领土。

自克洛维一世受洗后，兰斯大教堂成为法国数任国王心目中的神圣之地，在法国历史上，一共有 25 位君主在此加冕。现在，兰斯大教堂属于世界文化遗产。兰斯位于法国东部的香槟区，那里就是世界著名的"香槟之城"。

克洛维一世除了皈依天主教外，还办了很多大事儿，他颁布了后来影响到整个欧洲的《萨利克法》（Loi salique）。它主要是一部刑法典和程序法典，其中极其详细地规定和列举了各种违法犯罪应判处的赔偿金；《萨利克法》中也包括一些民法法令，最重要的是关于女性后裔不得继承土地的条款——也正是因为这样的条款，之后在欧洲各国间发生了很多战争，都是由于王室没有男性继承者而引起的。

克洛维一世在法国的历史上非常重要，被认为是"法国的奠基人"。他所建立的王朝叫作"墨洛温王朝"（Mérovingiens）。也就是他，把墨洛温王朝的首都定在了一个你非常熟悉的地方——巴黎。

克洛维一世在兰斯大教堂受洗

克洛维一世于公元511年在巴黎逝世，葬于法国巴黎的圣但尼圣主教堂（Basilique Saint-Denis）。圣但尼圣主教堂位于巴黎北部的圣但尼市，自克洛维一世以来几乎所有的法国君主均葬于此。（巴黎北郊在近些年来的治安状况较差，不建议游客们前往。）

按照法兰克的习俗，克洛维一世死后把土地分给了自己的四个儿子。但是分封必然导致打仗，于是法兰克的下属诸国逐渐开始互相征战，诸国的数量及边界变化得非常频繁，国王的权力越来越小，这和中国历史上的诸侯争斗很相似。在这个过程中，法兰克王国的"宫相"逐渐成为法兰克王国中最有权力的人。（法语中的Maire是市长，Palais则指皇宫；宫相就像皇宫里的市长，是国王的大管家，所以宫相就是Maire du Palais，和中国历史上的宰相有点儿相似。）

到了公元716年，法兰克王国出现了一位特别重要的宫相——查理·马特（Charles Martel，688—741）。查理·马特是欧洲中世纪最重要的人物之一，他确立了采邑制。采邑制是将土地及其上的农民一起作为奖赏，分封给有功劳的人。采邑制中最重要的是：获得土地要以服骑兵役为条件，才可将土地供其终身享用，但不可世袭。查理·马特还有个有趣的绰号，叫作"铁锤查理"——传说中，查理长得特别强壮，挥出的拳头就和铁锤一样沉重有力。

"铁锤查理"确实是一员名将，他最著名的一战是公元732年的图尔战役。在此战中，查理·马特成功阻挡了信奉伊斯兰教的倭马亚王朝侵袭法兰克王国的军队，从此制止了穆斯林势力对欧洲的入侵。许多历史学家认为查理·马特的胜利拯救了欧洲的基督教文明。

一些文章中说"铁锤查理"是法兰克的国王，这种说法是错误的。公元737年，法兰克国王去世后，查理·马特成为帝国的唯一统治者，但查理就如自己的父亲一样，一直担任着宫相的职位，从未获得国王称号。不过，查理·马特在去世后被葬在圣但尼圣主教堂中，这便是"铁锤查理"享有的特权了。

▌查理·马特雕像

"铁锤查理"对法国的另一重大贡献是他培养了一个著名的儿子——"矮子丕平",他还有一个更加著名的孙子——"查理大帝"。

公元741年,查理·马特在自己去世之前,按照传统将帝国传给了他的两个儿子——丕平和卡洛曼,让他们分管;可是卡洛曼没过了几年就宣布退休,去了修道院做僧侣,所以这宫相的职位就传给了丕平。

我们说过,这个丕平是"铁锤查理"的儿子,他还是法兰克王国的"丕平三世"(Pépin III),是查理家的第三个丕平。"铁锤查理"的父亲也叫丕平,是"丕平二世",他是法兰克王国的宫相;"丕平二世"的外公是"丕平一世",也是宫相。

子传父名是欧洲人的传统,他们经常会用自己父亲或祖父的名字给儿子命名,所以才会产生"一世、二世、三世"之分(这跟辈分没关系,是同名人出生的先后顺序);女孩儿们也通常会继承自己妈妈、祖母或外祖母的名字。古时候的名字少,大都来自古希腊传说和宗教圣人,因此很多人都使用一样的名字,比如都叫"玛丽",或者都叫"查理";为了分清楚谁是谁,人们就通常在名字后面加上地名,表示他们从哪里来,比如"巴黎的玛丽"或者"里昂的查理"。丕平一世是"兰登(Landen)的丕平",丕平二世是"埃斯塔勒(Herstal)的丕平"。兰登和埃斯塔勒是现在比利时的两个小镇。

丕平三世的绰号很是特别,其中不含地名,他在后来的各种历史书中常被称为"矮子丕平"(Pépin le Bref)。许多人认为这个绰号富有争议,因为连法国人都不太理解为什么要管丕平叫作"矮子"。"Bref"在法语里表示"简短、短小、不强大",但是丕平三世在一生中做了不少大事,在位时间也不算短;于是人们只能推断他的个子矮小,可实际上,史书里并没有关于丕平三世身高的记载。另外,丕平三世的妻子是"拉昂(Laon)的贝特拉达"(拉昂是法国北部埃纳省的省会),她的昵称叫作"大脚贝特拉达"。

▎丕平三世受冕▎

丕平三世并不满足于像他的父亲一样只作宫相。在当时，取得俗世政权需要教会的批准，于是丕平很聪明地去向教会请教，称"国王不理政事，我这个宫相不知该怎么办才好"。教会实际上也希望得到拥有实权的人的有力支持，于是表示"谁为法兰克操劳，谁就是她的主人"。这个回答让丕平三世很是满意——他自己才是那个为法兰克操劳的人。最后，丕平就此名正言顺地把墨洛温王朝的最后一个国王送进了修道院。公元 751 年，罗马教皇派大主教来到巴黎为丕平加冕，至此，法国的"加洛林王朝"（les Carolingiens，旧称 Carlovingiens，751—987）开始了。

听到法国有这么多个国王和"诸侯"，修斯你是不是要犯糊涂了？再加上他们的各种绰号，一切简直是乱成一锅粥！

"矮子丕平"的爷爷是"埃斯塔勒的丕平"，"埃斯塔勒的丕平"的外公是"兰登的丕平"。那么你猜猜，"矮子丕平"的孙子叫什么呢？——他也叫"丕平"！

已经被"丕平"绕晕了的姑姑

查理大帝 | 谁是"红桃 K"？

聪明的修斯：

听说你并没有被那几个"丕平"绕晕，简直太棒了，比姑姑我厉害多了！那么我们来接着说说"矮子丕平"的儿子——也就是"铁锤查理"的孙子。

你知道，按照欧洲的习俗，"查理"的孙子当然也叫"查理"，他是丕平三世之后的法兰克王国统治者。

这个"查理"不同于一般的"查理"，他是法国乃至欧洲历史上最无可比拟的"查理"，也就是"查理大帝"！

查理并不是一开始就被叫作"查理大帝"的。他是"查理一世",也有人叫他"大个子查理"。据说他的身高超过 1.9 米,在那个男性平均身高大约只有 1.6 米的年代里纯属是巨人!"大个子查理"特别能打仗,他几乎统一了西欧的大部分地区,实现了自罗马帝国以来西欧的首度统一,现在的法国、德国、意大利地区当年可都在查理一世的统治之下。查理一世除了是法兰克王国的国王外,他在公元 774 年时还当上了意大利王国的国王。到了公元 800 年的圣诞节,教皇在罗马为查理一世加冕,这时候查理一世又成了"神圣罗马皇帝"(Empereur des Romains)——西罗马帝国颠覆 300 多年后的首位皇帝。此时的查理一世同时掌管着好多个国家,他达到了自己的权力巅峰。查理一世就此成为"查理曼"(Charlemagne)——也就是"查理大帝"。这个称谓中,"Charle"的后面加上了"magne"这个后缀,由拉丁语"magnus"转化而来,意思是"伟大的",也含有"大帝"这层意义。

查理大帝对欧洲各个地区的影响都非常显著,如今,你在欧洲的各个国家的城市里都可以看到查理大帝的雕塑或画像,其中要数巴黎圣母院广场上的"查理大帝"青铜雕像最为有名。可是你预料不到的是,其实在中国也经常能看到查理大帝的身影,他就是扑克牌上的"红桃 K"!只是,"红桃 K"上的查理大帝有时候有胡子,有时候没胡子,原因据说是最初刻画查理大帝人物像的技师一个不小心,把大帝的胡子给刮掉了。

查理大帝结束了西欧几百年的征战,实现了这片土地的统一,因此被称为"欧洲之父"。同时,他的统治和对教会的支持带动了中世纪文学、艺术、宗教典籍、建筑、法律、哲学等领域的兴盛。查理大帝是法国加洛林王朝的国王,这段精神、文明都快速发展的时期对法国、德国、意大利,乃至整个西欧都尤为重要,被称作"加洛林文艺复兴"(Carolingian Renaissance),或者叫作"欧洲的第一次觉醒"。

■ 查理大帝

罗马的天主教会对查理大帝很推崇，不仅因为查理统一了西欧，更重要的是认可他对天主教不遗余力地推广。查理大帝在征战新土地的同时，不断将天主教文化灌输到新的领土上，甚至采取了残酷的手段。在征战东方的撒克逊人（日耳曼人的一个部落）的过程中，查理大帝曾经以死刑强迫撒克逊人皈依天主教。因此，人们都认为查理大帝不仅是西罗马帝国的继承者，更是天主教世界的保护者。

　　查理大帝是个如此雷厉风行的统一者，但他的子孙们却在他过世后再次开始了对地盘的争夺和瓜分。公元843年，查理大帝的三个孙子签订了《凡尔登条约》（Le traité de Verdun），这份条约把整个国家分成三个部分，其中西边的部分叫"西法兰克王国"（Francie occidentale），即后来逐渐演变成法兰西王国的部分。在断断续续的权力争夺中，加洛林王朝逐步走向灭亡。公元987年，加洛林王朝的末代国王路易五世去世，法兰西公爵于格·卡佩（Hugues Capet，约938—996）被法国的贵族和高级僧侣们推选为新任国王，从此开辟出了新王朝——卡佩王朝。

| 加洛林王朝族谱 |

卡佩王朝 ▎法式宫斗

于格·卡佩刚刚当上国王的时候一点儿也不开心，他完全没有权力或地位可言。当时的法国境内有许多独立的公国和伯爵国各自为政，如：东北部的佛兰德尔伯爵国，诺曼底的诺曼底公国，西北部的布列塔尼公国，南部的阿奎丹公国，东部的勃艮第公国，还有南部的图卢兹伯爵国。这些地区基本保持独立，根本不受法国的统一领导。国王自己实际上只拥有巴黎附近"法兰西岛"（Ile-de-France）的王室领地，领地内还常出现不服从国王管理的封建主。卡佩虽然身为国王，却竟然落得居无定所，没有固定的行政机构，也没有稳定的财政收入，他有时甚至不得不亲自参与打家劫舍这样的行为，以获得更多的财富。

纵观卡佩王朝的皇室生活，可谓是充满了种种宫廷斗争。

卡佩王朝的第二代传人罗贝尔是于格·卡佩之子，也叫作"罗贝尔二世"（Robert II le Pieux，972—1031），还被人们称作"虔诚者罗贝尔"。他在娶了第三任王后之后得了四个儿子，可这四个兄弟进行斗争，抢夺继承权。经过残酷的宫斗，皇室最终确定下"长子继承制"——如果长子早亡，则由次子继之，依此类推，从此确定了王位的有序传承。

而路易六世（Louis VI，1081—1137）是卡佩王朝的第六代传人，他从小就特别胖，据说是因为他的继母一直在投放慢性毒药催他早死，这可怜的路易六世也就因为身材的原因，被人叫成"胖子路易"（Louis le Gros）。后来，他果然只活到了29岁。

不过，路易六世在生前通过斡旋让他的儿子路易七世（Louis VII，1121—1180）迎娶了阿奎丹公国（The Duchy of Aquitaine）的女继承人埃莉诺（Eleanor of Aquitaine，1121—1204）为后，这一联姻使得法国获得了更多的土地，国家领地在一夜之间扩大了许多——因为按照惯例，阿奎丹公国本身被作为埃莉诺的嫁妆，带入了卡佩王室。但是，这位新王后没那么喜欢路易七世，于是后来又和路易七世离了婚，改嫁给英国"金雀花王朝"的国王亨利，阿奎丹公国这份嫁妆自然也从法兰西王室手中转给了英国。英法关系日趋复杂。由此可见，王后和其婚姻在法国宫廷斗争中是非常重要的。

　　卡佩王朝前期的几位国王一直在为维护、扩大自己的权力做各种努力，直到第七代传人腓力二世（Philippe II Auguste，1165—1223）执政时，王朝才真正实现了王权的稳固。腓力二世在卡佩王朝中占有特别重要的位置，他在"布汶（Bouvines）战役"中取得了胜利，这场战争的胜利奠定了法兰西在整个欧洲的地位。腓力二世还在巴黎建立大学，就是从那时开始，法国各处逐步开设了很多高等学府，其中包括著名的索邦大学（La Sorbonne）。公元 1200 年，腓力二世在巴黎的中心建立了一座方形城堡，后来，这座城堡经过时代的发展，成为世界上最重要的博物馆之———卢浮宫。腓力二世是第一个拥有"法兰西国王"（Roi de France）称号的国王，而他的父亲、祖父和曾祖父都只是被称作"法兰克人之王"（Roi des Francs）。

腓力二世在布汶战役中获胜

此后又经过了约百年，卡佩王朝的查理四世（Charles IV，1294—1328）过世，但他并没有男性后代。这时，当时的英格兰国王爱德华三世（Edward III，1312—1377）跳了出来，声称自己是查理四世的外甥，要求兼领法国王位。法国人自然不能同意，他们用古老的《萨利克法典》中"女性及母系后裔无权继承王位"的原则拒绝了英王。这部古老的法典，咱们在讲到法国的第一个国王克洛维一世时提到过，还记得吗？法国人推举查理四世的堂弟继承了王位，称他为腓力六世（Philippe VI，1293—1350），由此便开创了瓦卢瓦王朝（La maison de Valois）。

可是这样一来，英法之间的矛盾继续加深，这次的王位争夺战是导致了对欧洲历史影响深远的"英法百年战争"的直接原因之一。

这些王室故事听起来是不是有似曾相识的感觉？如果你喜欢看《指环王》和《权力的游戏》，或者其他关于欧洲诸王之间的战争的传说，都会发现这些宫廷争斗和诸国间的领地抢夺战的影子，法兰西的王室历史对整个欧洲乃至整个西方社会都有着巨大而深远的影响。

建立卡佩王朝的卡佩王室是欧洲最大、最古老的王室家族，之后的瓦卢瓦王朝是它的支系，后来的波旁王朝、奥尔良王朝也是它的支系，连现在的西班牙国王和卢森堡大公也都是卡佩王室的后裔。欧洲皇室从几百年、上千年前直到如今，都是亲戚。虽然错综复杂，但也非常有趣，不是吗？

谈论法兰西的王室历史实在是太费脑筋了。

不过，在这几百年的历史中，法国不光有国王、公爵、伯爵等人大展身手，还涌现出修士、骑士、农民、商人和大学生们，他们也在时光中绽放出自己的光芒。

修士靠什么生活？要怎样才能当上骑士？

——我们明天说。

被法式宫斗搞得头昏脑涨的姑姑

修士与骑士｜传播文化　保卫家园

亲爱的修斯：

　　昨天我们梳理了法国历史上的几个王朝——从墨洛温王朝到加洛林王朝，从卡佩王朝又到瓦卢瓦王朝。这4个王朝从公元5世纪的末期开始，一直持续到公元15世纪，其间约1000年的时间就是人们常说的"漫长的中世纪"。也许你读过很多的历史书，里面都写到"中世纪是黑暗的时代"，但实际上并不尽是如此。在中世纪里，涌现出了很多传播文化的修士和保卫家园的骑士，我们能够学习到的很多知识和流传至今的许多传奇故事，都是从中世纪保留下来的。

　　咱们先来说说修士（Moine）。Moine 在法语里通用于不同宗教，是出家人的统一说法，在天主教文化中称他们为"修士"。

　　从法国的第一位国王克洛维一世开始，这个国家就对教会十分推崇，愿意提出倾向教皇的外交政策，并成为教皇的保护国。相对应地，天主教对法国乃至全西欧的发展也做出了巨大的贡献，尤其是修道院的修士们。

　　在公元529年，有一个叫作"本笃"（Benoît de Nursie，480—547）的罗马天主教教士在意大利的卡西诺山（Monte Cassino）感化民众，建立了本笃修道院。本笃修道院里制定了很多制度，建议修士们手工劳作。本笃是修道院制度的创立者，他提倡的修行制度也成为法国修士修行的主要参考方式。本笃在公元1220年被追认为"圣人"。

冬季从卡西诺山上远眺观赏到的景色

　　修士们在中世纪欧洲发展的过程中特别重要。他们不仅进行修行，还为普通民众服务。修士们是医生，负责治疗各种伤病；修士们保护穷人，尤其是躲避战争的人们；修士们负责给朝圣者和旅人提供住宿；他们还负责开垦土地、生产种植——这是修士生存的基础，他们中有人种植稻谷，有人负责耕作，还有人专门负责饲养动物；另一部分的修士则成为泥瓦匠和雕刻家，慢慢地搭建、完善修道院。由于当时没有现代化的设备，修道院又多选址在山区，很多修道院都经历了上百年的修建才得以完成。

　　修道院在漫长的中世纪里，更是起到了传承法国以及整个欧洲的文化的重要作用。事实上，在好几个世纪里，大部分的普通人民都没有上过学，他们不识字；修士们则是唯一一部分掌握文字、会读会写的人。他们详细记录着历史和当下社会中发生的事情，把古老的文化保留了下来。许多修道院还创立了艺术中心，绘画和文学创作也成为修士们生活的一部分。传统本笃会派重视教会音乐，直至今日，法国、比利时、意大利等国的本笃会派修道院还仍然保持着这一传统。

去修道院参观的时候，你会看到在不少斜放着的石台或者木台，那就是修士们当时的写字间，他们借助着微弱的光线学习，开启自己的心灵。说到这儿，我不禁看了看自己的电脑和大写字台，生活在现代的我还真是幸福呢。修斯，你们在学校里都能够直接用电脑学习到无数的知识了，这与旧时的修士们相比更是幸运。

修道院里还有很多长廊，修士们会在其中边散步边背诵、思考自己学到的知识；我想，天气好的时候他们也一定喜欢在院子里晒晒太阳吧。一般来说，修道院里还有许多单独的小房间，修士们除了在这些房间里休息，也能够独自静静地思考（有时候是做忏悔）。

劳作、学习、思考是法国修士们的重要生活，也是他们的传统。直到现在，法国的修道院中还持续进行着各种生产，修士仍然坚持用传统的方法生活，养活自己、维护修道院的正常运营。法国的许多著名特产，比如蜂蜜、手工香皂、护肤品，起初都是由修士们在修道院中生产出来的。这些从修道院产出的红酒、啤酒、奶酪等饮品和食品出了名的品质优秀。

普罗旺斯的塞南克修道院

说到修道院产酒，修斯你估计会有疑问：法国的修士们可以喝酒吗？答案是：可以。品酒是天主教文化中重要的一部分，在著名的画作《迦纳的婚礼》（Noces de Cana）中，耶稣就把水变成了美酒。老电影《虎口脱险》（La Grande Vadrouille）里，法国修女用自酿的葡萄美酒迷惑了德军，用大酒桶救出了英国的空军英雄。

我们之前提过，法国的香槟酒享誉世界，其中就有一款尤为出色——唐培里侬香槟王（Dom Pérignon）。这款酒是由一位本笃会修道士唐·皮耶尔·培里侬（Dom Pierre Pérignon）创造出来的。当然，那是公元17世纪时的事儿了。

现今，法国的部分修道院已经成为世界知名的朝圣圣地，比如处于诺曼底和布列塔尼交界处、圣米歇尔山上的修道院。姑姑我去年去过一次，正巧目睹了那里的修女的工作状态。她们除了传统的工作和日常的修行，也给从全世界各地而来的游客们讲解修道院的历史和古老的文化。你可能会觉得天主教文化离我们很远，但其实是很近的——我们现在学到的很多知识、听到的音乐，都很可能来自当年修士们的创造和传承。

说完了修士，我们来讲讲神秘而帅气的骑士（Chevalier）。

很长的一段时间里，法国乃至整个西欧的诸王都一直都相互争斗，抢地盘，就和电影里演的一个样儿。诸王之下是他们分封的领主们。领主就是其实就是地主，他们拥有土地，获取税收，维持自己的土地的秩序。土地上有农民劳动着，有牛舍、榨油作坊、磨坊等各种不同的工作。骑士便负责保护他的领主和领主的土地，需要在神的面前宣誓对领主效忠。

《骑士团长维格纳科及侍从》

049
与法兰西的10个约定

要当上骑士可不是一件容易的事儿。希望未来成为骑士的男孩儿们要在7岁时离开家,加入预备军,宣誓为领主服务。这个时期的他们被称作"服务生"(page),也可以管他们叫作"侍童",基本就是给真正的骑士们跑腿的小跟班,学习礼仪是他们的重要任务。能当上服务生的这些男孩儿,通常都来自比较重要的家族。在欧洲很多的名画作和剧作中都有"骑士的小服务生"的身影。

小服务生们还要经历7年的劳动和服务,才能在14岁时上升到另外一个级别——实习生(écuyer)。这时候,他们就可以带上佩剑,开始学习格斗技巧了;在这个阶段里,他们有时也要学习读写和文化课程。据说,骑士有七项基本技术要学习:游泳、投枪、击剑、骑术、狩猎、弈棋和诗歌。成为骑士之路像不像我们武侠小说里的各大门派高手修行?——仿佛要"琴棋书画、十八般武艺"样样精通。不过,实际上文化课程并不是所有的实习生都会接触到的。实习生们需要在18岁时通过正式的仪式,才能成为真正的骑士,获得他们的武器和盔甲。骑士必须遵行骑士教条,要忠诚、勇敢、正义,要有锄强扶弱的侠义精神。成为骑士是中世纪男孩儿们的理想。

> 修斯,你的理想是什么呢?中世纪的男孩儿们为了当骑士要准备11(7+4)年。要实现你的理想大概也要从现在开始抓紧了。
>
> 姑姑小时候的理想是环游世界,可是目前还没做到。不如,我先实现一个"小理想"吧——带你环游法国!
>
> 准备去修道院买手工香皂的姑姑

百年战争与黑死病丨法国历史上最黑暗的时期

> 亲爱的修斯：
> 　　之前我们提到过好几次的"英法百年战争"可谓是法国乃至欧洲最重要的一段历史。在 1337 年到 1453 年之间，法国和英国打了一场持续了 116 年的仗，这几乎是世界上最长的战争。

　　百年战争的起因很复杂，包括：王权的争夺、领土纠纷和经济矛盾。首先，英国的爱德华三世和法国的腓力六世王室都认定自己才是法国王位的合法继承者。其次，经济问题使两国交恶——中世纪的后期，英国的经济命脉和皇家国库的正常运转在很大程度上依赖于羊毛贸易，而法国北部靠近比利时的佛朗德地区是羊毛贸易中心；商人们大多支持英国，但属于佛朗德的法国王侯贵族则认为财富应该只属于法国，于是限制了法国与英国间的贸易。最后，矛盾日益激化，并于 1337 年时达到最烈，腓力六世希望统一大陆，因此要求收回对阿基坦地区的领导；而英王自然认为阿基坦公国是改嫁而来的王后的嫁妆，理应属于英国。所有的一切叠加在一起，触发了这场持续了一个多世纪的英法战争。

　　在漫长的战争中，法国长期处于劣势——吃了各种败仗，丧失了很多土地。法国的贵族骑士军团在战争中溃不成军，法王的威信一落千丈；倒是法国的普通人民在战争中显示出了英勇无畏的精神，最著名的例子就是加来义民的故事和法国的民族女英雄圣女贞德的传说。

　　加来（Calais）是位于英吉利海峡边的法国海港城市。1347 年 8 月，英王爱德华三世指挥大军大败法军，受伤的法王腓力六世率领残军落荒而逃。英军乘胜追击至此，包围了加来，断绝了要进城来的粮草。加来人民奋勇抗战，拼死守城，可是腓力六世却不愿派兵增援。在坚持了 11 个月后，弹尽粮绝的加来人被迫乞降，而英王却准备屠城。此时，加来有六位最富有的市民自愿奔赴英军驻地，他们露顶赤足、身披麻衫、颈系绳索、持城门钥匙，请求以自己的牺牲来换取全体市民的生命。这六位义士的举动感动了英国王后，她向英国国王下跪求情，解救了所有的加来人。1884 年，为了纪念这六位义士，雕塑家罗丹创作了著名的铜铸雕像《加来义民》，这座雕塑现在就放在加来市的市政府广场上。

圣女贞德（Jeanne d'Arc，1412—1431）的故事就更加有名了。贞德是一位生长在法国香槟区附近的农村少女，在她十六岁的时候，距离英法百年战争开战已经有八九十年了，香槟区周边的大部分地区已然都是被英军攻占的领土。有一天，贞德声称自己在村子里遇见了天使，上帝启示她应该带兵收复被英格兰人占领的法国失地。经过辗转努力，贞德离开了家乡，穿上男装，开始领兵打仗。这听起来是不是有些像法国版的花木兰故事？次年，也就是 1429 年，贞德就带领法国军队解救了被围攻的奥尔良城（Orléans），成为闻名法国的女英雄。奥尔良的胜利彻底扭转了百年战争的整体形势，使法国走上了胜利的道路。在贞德的帮助下，开明的查理七世于同年的 7 月 16 日得以加冕，当上了法兰西国王，并最终带领法国赢得了百年战争，为法兰西王国接下来几个世纪的强盛奠定了基础，也是因此，查理七世被人们称作"胜利者"。

不幸的是，在 1930 年的一次小型战斗中，贞德被敌军所俘。英格兰控制下的宗教裁判判处贞德为"异端"和"女巫"。宗教裁判贞德有罪的罪状之一是：贞德一直穿着男装，而在那个时代里，女性穿着男装是不符合《圣经》的基本规定的。1431 年 5 月 30 日，贞德在法国鲁昂被当众处死，当时只有 19 岁。25 年后，查理七世以法国国王的身份请求教皇为贞德立案重审，最终为贞德平反。而 500 年后，在现代的 1920 年，本笃十五世教皇在梵蒂冈将贞德封为"圣人"。从此以后，贞德就被人们称作"圣女贞德"。

贞德虽然已经逝去了很久，却成为法国民族精神的一种象征。从拿破仑时代到现在，法国的政治人物都常常用贞德的伟大形象进行宣传。巴黎卢浮宫附近有一个金字塔广场，广场中有一座很漂亮的金色圣女贞德骑马雕像。

贞德也已经成为西方文化中的重要角色，来自全世界的作家、作曲家写过无数有关她的作品，比如法国的伏尔泰、英国的莎士比亚和萧伯纳、美国的马克·吐温、俄国的柴可夫斯基、德国的布莱希特都曾创作过有关贞德的作品，题材包括：电影、戏剧、音乐，等等。直至今天，世界各地依然持续涌现出许多有关于圣女贞德的创作。

鸟嘴医生

　　漫长的百年战争中间大约停战过 10 年，但这并不是因为英法国王良心发现，而是因为可怕的黑死病。黑死病的法语是 "Mort Noire"，英文是 "Black Death"，后来的医学专家认为这其实就是鼠疫。1346 年到 1353 年之间，黑死病在整个欧洲范围蔓延，大约有 50% 的欧洲人口都死于这场灾难。战争叠加鼠疫，这才是法国人民和英国人民所经历的最黑暗的历史时期。黑死病在法国蔓延时，涌现出一些非专业的医生，他们没有经过系统的医疗培训，却在各个乡镇中救助了当地居民。这些医生穿着皮衣，带着一种像鸟嘴一样的面具来防止传染，因此也被人们称为"鸟嘴医生"，你在法国的博物馆里可能会看到有关他们的图像。

　　百年战争和黑死病的时期，对于法国来说，确实是最难熬的时间，但也为法国后来的统一奠定了基础，留传下很多美好的传说故事。

我还要告诉你一个与百年战争有关的有趣生活小常识，那就是：在对英国人和法国人比"V"手势的时候，千万记住一定要手掌朝前，不要掌心向内。

在百年战争的开端，法国人总是鄙视英国弓箭手，认为他们很低微。于是，法国人在战前宣称"一旦抓住英国俘虏，就会剁去他们的中指和食指，让他们一辈子不能再张弓射箭"。但后来的状况却是英国人常胜，于是英国人便向法国人比划掌心向内的"V"，告诉对方"我们的手指头是完整的"。

虽然这只是个历史中的小传说，但千万不要向法国或英国的友人比划掌心向内、手背朝外的"V"，那是一种特别不礼貌的手势，有藐视、辱骂的意味。

说完了黑暗就要说光明，接下来，我要给你讲讲我最喜欢的两位法国国王——他们中的一位让法国成了艺术家们最爱的国家，另一位让法国成了世界强国。

正比划手心朝前、手背向自己的"V"的姑姑

语言课 | 修斯的法语时间 II

用法语数数

1——100 怎么数?

用法语数数是件有意思的事儿。法国人数 60 之前的数字时,挺容易理解;可是他们数起 60 之后的数字却特别曲折、复杂——需要运用到各种运算法则:

数字	法语
0	zéro
1	un
2	deux
3	trois
4	quatre
5	cinq
6	six
7	sept
8	huit
9	neuf
10	dix
20	vingt
30	trente
40	quarante
50	cinquante
60	soixante
70	soixante-dix
80	quatre-vingts
81	quatre-vingt-un
90	quatre-vingt-dix
100	cent

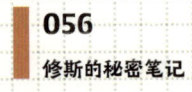

备注详解：

70 就是 60-10，71 是 60-11……以此类推，79 是 60-19。刚学法语的时候，真需要好好算算，才能分清自己正在数的数是六十几还是七十几；

80 就是 4 个 20，数这个数得会乘法；

81 是 4 个 20，再加上 1，数它得用上乘法和加法；

90 是 4 个 20 , 再加上 10，也可以理解成 80 再加上 10；

以此类推，用同样的方法可以数到 99。

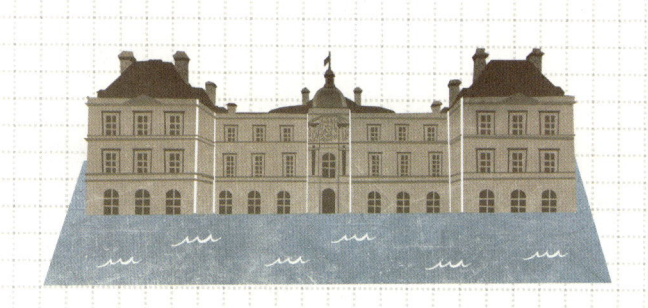

两位好国王丨弗朗索瓦一世和亨利四世

> 小修斯：
> 　　咱们现在已经不用担心可怕的黑死病了，因为黑死病的病原体早已灭绝。现代医疗足够发达，医生们不会让疾病像中世纪时那样毫无控制地蔓延的。
> 　　现在进入正题，说说姑姑我最喜欢的两位法国国王。

　　百年战争之后，法国又更迭了两三位国王，接着王位就传到了弗朗索瓦一世（François d'Angoulême，1494—1547）的手中，他是法国历史上最著名、最受爱戴的国王之一。弗朗索瓦一世有很多别称，在即位前，他通常被称为"昂古莱姆的弗朗索瓦"（François de Angouléme），因为他的父亲是昂古莱姆查理伯爵。之后，他又被人们称作"大鼻子弗朗索瓦"（François au Grand Nez），原因是他的鼻子特别长。卢浮宫中所藏名画《蒙娜丽莎》的旁边就有一幅弗朗索瓦一世的画像，画中的他鼻子的确非常大。弗朗索瓦一世还被称作"骑士国王"（le Roi-Chevalier），因为他作为国王，虽然一生的战绩一般，甚至曾经在对西班牙的战争中被俘，但是他总是勇敢当先、冲锋陷阵，实打实地是一名勇敢的骑士。而最重要的是，他是一个非常开明的领导人，是法国第一位有人文主义思想的国王，还是法国第一位文艺复兴式的君主。弗朗索瓦一世非常鼓励文化和文艺的发展，因此在他统治的时期里，法国文化发展达到了一个繁荣的高潮。

　　弗朗索瓦一世特别尊重艺术家，尤其是意大利文艺复兴中的那些巨匠，他欢迎所有的艺术家来法国居住和创作，为他们提供庇护，给他们提供更大的创作空间。比如罗索·菲伦蒂诺（Rosso Fiorentino，1494—1540），后来他为弗朗索瓦一世建造了美丽的枫丹白露城堡。而普列马提乔（Francesco Primaticcio，1504—1570）则专门为法国皇室绘画。

达·芬奇是这些艺术家当中最重要的一位。达·芬奇在离开意大利后，带着当时尚未完成的《蒙娜丽莎》来到法国，成为弗朗索瓦一世最好的朋友。卢瓦尔河谷有一座著名的香波堡，里面有一个非常有趣的设计——一座看起来是单梯、实际上则是交错着的双梯，传说这是达·芬奇专为弗朗索瓦一世设计的，只是我们无法考证。不过，弗朗索瓦一世把精致的克劳斯·吕斯城堡（Château du Clos Lucé）赠送给了达·芬奇，却是绝对真实的。达·芬奇于1519年在这座城堡中去世，死在了国王的怀中。

弗朗索瓦一世在艺术品收藏方面很是着迷，他在意大利雇用了一帮人，专门为他收购意大利文艺复兴时期巨匠的作品，比如米开朗基罗、提香、拉斐尔的雕塑和绘画，再把它们运回法国。在此之前，法国只拥有少量艺术品，只有一些油画，没有雕塑。是弗朗索瓦一世把卢浮宫从一座普通的战略城堡宫殿转变为艺术品的收藏中心，人们今天在卢浮宫里见到的琳琅满目的法国王室收藏，实际上就是从弗朗索瓦一世时代开始积累的，我想这大概称得上是弗朗索瓦一世对法国乃至全世界最重要的贡献。

| 弗朗索瓦一世 |

弗朗索瓦一世之所以能成为推动法国文艺复兴的君主，少不了他姐姐的全力支持。弗朗索瓦一世的姐姐是玛格丽特·德·那瓦尔（Marguerite de Navarre，1492—1549），她醉心于文化沙龙事业，亦为艺术家与作家提供大力赞助。玛格丽特的一个重要贡献是推动自己的国王弟弟在1530年建立了由皇家出资的中学。学生们在皇家中学里能够学习到希腊语、数学、地理、天文等课程，学校的很多规则和规范

都成为现代法国中学的基础。

弗朗索瓦一世在他的一生之中，除了大兴土木和收藏艺术品，便没有什么其他太大的建树了；只是他的这些嗜好非常奢侈，给法国国家财政带来了不少困难。但总体来说，法国人还是很喜欢这位仁厚的君主的。

弗朗索瓦一世死后的第42年是1589年，这时弗朗索瓦一世家族的继承者们都没有了后嗣，他们的远亲"波旁家族的亨利"——亨利·德·波旁（Henri de Bourbon，1553—1610）继承了法国国王王位。此时，瓦卢瓦王朝结束，波旁王朝正式开始。

不过，波旁王朝和瓦卢瓦王朝（包括瓦卢瓦－昂古莱姆旁系）实际上都是卡佩王朝的后代，法国在朝代更迭时，若找不到直系后代，就常常从远房亲戚里挑一个表兄弟来继承王位——再次说明，这是遵循《萨利克法》的结果。其实在亨利·德·波旁之前，法国皇室还有几个"亨利"呢，这位"波旁的亨利"是"亨利四世"（Henri IV）。亨利四世是法国历史上最伟大、最贤明的君主，法国人都叫他"Bon roi Henri"，也就是"好王亨利"。

那么，"好王亨利"有哪些建树呢？

亨利四世画像

亨利四世刚刚当上国王的时候，法国已经经历了几十年宗教战争，各种教派联合贵族们互相斗争，整个国家混乱不堪。亨利四世本人先是从原来的宗教信仰改而皈依天主教，然后签署、颁布了《南特诏令》（Édit de Nantes）——这是第一部承认新教徒信仰自由的敕令，并且给予其他信仰派别自由和武装特权。亨利四世还采用了和解宽容方针，让新旧教派之间的仇恨逐渐化解，为国家带来和平与安定。亨利四世说："要原谅和遗忘。"

亨利四世希望让全法国人民都富裕起来，他说过："我希望农民在每个星期天都能吃上一只鸡。"于是这位好王着手重建经济，他任命有能力的人为大臣，梳理国家财政状况，整顿税收，维持国家秩序，重修各地的公路，治理河道，奖励丝织、麻织工业，鼓励商品外销，奖励造船工业，甚至对一些工业给予政府贴补。

亨利四世也喜欢探索新世界，他派遣具有军事才干和探险精神的尚普兰（Samuel de Champlain，1566—1635）去开发加拿大，在加拿大创立了以魁北克为中心的法属殖民地，亦奠定了法国在海外殖民发展的基础。也就是说，在1609年时，是亨利四世重建起法国的国际地位；同时，这也就是加拿大魁北克区的居民会说法语的原因。对了，魁北克人说的是很古老的法语——亨利四世时代的法语——魁北克地区在亨利四世的时代被称为"新法兰西"。

亨利四世很体谅民情，他清楚人民希望国家治理更加统一化。他用聪明的游说、颁赐恩俸年金等方法使各地的贵族放弃税收和卫队的特权，从而重建强大的中央集权，以达成民愿。

亨利四世还是一位勤政爱民的国王，他经常巡视各地，去体验民间疾苦，发现问题后及时治理。在他的治理下，法国本来衰退的经济状况得到全面扭转，整个国家繁荣发展起来，偿还了巨额国债中的1/3，甚至国库中还能有许多盈余。

不幸的是，亨利四世的离世有些悲惨——他没能寿终正寝。1610年5月13日，亨利四世在巴黎遇刺。一名狂热的天主教徒认为亨利四世并非一出生就信天主教，从前是个异教徒，仅仅因此就刺杀了亨利四世。"好王亨利"去世时，全法国人民都陷入了悲伤之中，大家都认同这位国王朴实、仁慈、豪迈、乐观，而且幽默、热情，是一个特别有人情味的君主。

"好王亨利"的仁慈特别值得后人学习，他总是宽恕别人的过错，不会报复对自己不好的人。他曾说过："如果那些曾经反对我成为国王的人都要被吊死的话，那就是砍尽全法国的木材，也做不出足够的绞刑架。"伏尔泰评价他说："如果亨利四世只是他那时代最勇敢、最宽厚、最正直、最诚恳的君主，那么他的王国就已经灭亡了。法兰西需要有一个能战能和、能了解和医治国家的创伤、管理大小事务、改革一切、建设一切的君主，而亨利四世身上就具备这一切。"整个欧洲都认同这一点，亨利四世去世不久，欧洲人都称呼他为"亨利大帝"。

　　亨利四世（Henri IV）这个词在法国到处可见，全法国最好的中学就叫作"亨利四世中学"。

　　对了修斯，有一点我必须提醒你——英国也有一个"亨利四世"国王，他是爱德华三世的孙子。莎士比亚写过一部有名的戏剧《亨利四世》，其中描写的是那个"英国的亨利"。你一定要区分开"法国的亨利"和"英国的亨利"，这俩人不是一回事儿，别弄混了！法国的亨利叫"Henri"（法语听起来是"an-hi"），英国的亨利是"Henry"。

> 　　关于好国王，总会有很多、很多的美丽故事可说。假如你有兴趣，不妨去图书馆里或者网络上找一找关于他们的故事和传说，一定还能学到不少。
> 　　　　　　很想体验一下亨利四世高中的严格教学的姑姑

062

修斯的秘密笔记

波旁王朝的"路易们" |
路易十三、路易十四、路易十五和路易十六

小机灵修斯：

　　你有没有搜寻到一些关于弗朗索瓦一世或者亨利四世的故事？今天我们要说说他们后任的几位国王，也就是"波旁王朝"著名的"路易们"——路易十三、路易十四、路易十五和路易十六。这些"路易"听起来是不是有些耳熟？他们在法国历史上乃至世界历史中都占有十分重要的地位；你现在了解到的许多法国文化遗产都是这几位国王执政时期留下的宝物。

路易十三（Louis XIII）

　　路易十三（1601—1643）是亨利四世的儿子，他出生在枫丹白露宫，还记得枫丹白露宫是谁建造的么？给你一个提示：我们提到"好国王"时说过。在路易十三统治的期间，欧洲爆发了一场特别重要的战争，一场决定性的争霸战争——三十年战争（1618—1648）。这场战争是法国的波旁王朝与奥地利、德意志的哈布斯堡王朝间的最后较量，战争的这双方都是当时欧洲最强大的王朝。最终，法国取得了胜利，结束了长达三个世纪的哈布斯堡王朝霸权，成为新的欧洲霸主。路易十三去世得很早，他在1643年时因骑马落水引起了肺炎离世，当时只有41岁。

在路易十三时期，出现了一位特别重要的红衣主教——阿尔芒·让·迪普莱西·德·黎塞留（Armand Jean du Plessis de Richelieu，1585—1642）。黎塞留是路易十三的宰相，对法国在三十年战争中获胜起到了重大作用，同时也为路易十四时期的兴盛打下了基础。法兰西学术院（Académie française）就是由黎塞留主持建造的，成为法兰西学术院的院士是法国学术界的最高荣誉，伏尔泰、小仲马等有名的大作家都毕业于这所院校。法国很多城市都有以黎塞留（Richelieu）命名的街道。

红衣主教黎塞留

路易十四（Louis XIV）

路易十三之后的法国君主就是他的长子路易十四（1638—1715），他是一位特别有趣的国王。

首先，路易十四也叫作"太阳王"（le Roi Soleil），但是他的这个称号并不像别的国王一样是由后人所封，而是他自己给自己命名的。在法国旅游的时候，你一定能经常听到"太阳王"这个名号，或者会在建筑上看到有太阳状装饰的脸庞，这些都代表着路易十四。

"太阳王"路易十四

"太阳王"的"太阳脸"在法国到处都是，可大家却常常不太在意——法国有那么多的风景名胜，人们自然会忽略掉这小小的细节。

除了代表着路易十四的太阳，还有代表着法国王室的百合花，代表着弗朗索瓦一世的蝾螈，代表着拿破仑的小蜜蜂……法国建筑、艺术、生活用品中都可以找到很多这样的有意思的标记。姑姑我特别希望能和你一起研究研究，然后一起在法国的大街小巷寻找这些标志，会是件很有意思的事情呢！于是，我要跟你约定——当我们同游巴黎时，要一起找到"太阳王"的"太阳脸"！

路易十四当上国王的时候年龄很小——只有四岁半，一开始时，由宰相辅助他来管理国家；但他在 24 岁的时候宣布亲政，并且罢免了当时最有权力的财务大臣尼古拉斯·富凯（Nicolas Fouquet，1615—1680），理由是富凯贪赃收贿。路易十四非常勤恳——他一天的工作时间在八小时以上。就这样，路易十四很快就成为当时全欧洲最优秀的英明君王，并在法国创立了有史以来无与伦比的"绝对君主制"。

凡尔赛宫就是由路易十四所建造，在传说中，他建造这个宫殿是为了和富凯的宫殿进行攀比；但实际上，路易十四通过建立凡尔赛宫，把贵族们变成了可以被国王监控的宫廷成员——贵族们从早到晚都得待在宫殿里参加舞会、宴席和其他庆祝活动。据说路易十四的记忆力惊人：他进入大厅后，只要一眼就可以看出谁缺席。因此，为了获得国王的宠信，贵族们都得积极地参与各种活动，无形中被困在了凡尔赛宫里，也就没有时间去管理地方的问题，逐步丧失了统治地方的权力。

路易十四还算是个发明家，芭蕾舞就是他的发明代表作。1661 年，身为法国国王的路易十四下令在巴黎创办全世界的第一所皇家舞蹈学校。他还喜欢亲自参加演出，曾先后在 26 部大型芭蕾中担任主角；不过，他在 13 岁时首次登台演出，30 岁时因身材过胖而退出了舞台。那个时候，法国宫廷里由三位艺术大师——吕利（Jean-Baptiste Lully）、莫里哀（Molière）和博尚（Pierre Beauchamp）专门负责芭蕾艺术的创作和演出，确立了芭蕾的 5 个基本脚位、12 个手位和一些舞步，使芭蕾动作有了一套完整的动作体系。学芭蕾的姑娘们都知道，芭蕾的基本舞步都使用了法语名字。甚至，还有一些传说称高跟鞋和香水也都是路易十四的发明。

另外，路易十四在位的期间，整个欧洲都兴起了"中国热"，而与他同一时期的康熙帝也正对西洋科学产生了浓厚的兴趣。1686 年，路易十四派遣了一支科学团由海路前往中国；与此同时，他还派遣了一个传教团通过陆路而来——这个团队希望借道俄国从而抵达中国。当时，走陆路的传教团持一封路易十四致康熙帝的信件；但由于俄国的彼得一世拒绝借道，康熙帝最终并没有收到——这封信现在被收藏在法国外交部。走海路的科学团最终在 1688 年抵达了北京，受到康熙帝的接见。因此，路易十四是中法友好的重要奠基人。

路易十四还是个"世界纪录保持者"——他从 1643 年，也就是他四岁半的时候开始当国王，一直执政到 1715 年。他的在位时间长达 72 年 3 个月 18 天，成为在位时间最长的君主之一，也是世界历史上拥有确切记录的、在位最久的独立主权君主。路易十四的在位时间比康熙长 11 年。现在的英国女王伊丽莎白二世已经在位将近 70 年，但她还需要坚持好些年才能超越路易十四。路易十四活到 77 岁，"熬死"了他的长子、长孙和长曾孙。路易十四去世后，他最小的曾孙继承了法国王位，成为"路易十五"。

路易十五（Louis XV）

路易十五（1710—1774）是个很有争议的国王，他的父母和兄长都因为染上猩红热去世了，于是只能由躲过疾病而留存的他来继承王位。当时的他仅5岁。路易十四在去世前告诫路易十五：要少打仗，要做一个关心人民疾苦的温和的国王。路易十五励志要做一个像他曾祖父一样的国王，可是他的性格十分矛盾，还有些优柔寡断；当时欧洲资本主义经济的兴起，法国社会的经济矛盾加剧，为他的统治带来重重困难。因此，路易十五在即位的初期被称为"被喜爱的路易十五"（le Bien-Aimé 15）；后来，人们却普遍认为法国王朝的衰弱和君主制的动摇是由于路易十五在治国方面的无力和私生活方面的混乱所致，"被喜爱者"在法国人民心中成了"被厌恶的人"。不过，法国人至今依然延续用"le Bien-Aimé 15"来指代路易十五，这或许是带有讽刺意味的。

路易十五

比路易十五更出名的是他的情妇们，其中蓬帕杜夫人（Madame de Pompadour）对法国历史的影响最大，虽然她是个非常有争议的人物。蓬帕杜夫人非常热爱艺术和文学，比如伏尔泰的作品；她支持过不少科学家，法国启蒙思想学家德尼·狄德罗（Denis Diderot）能写出《百科全书》（*L'Encyclopédie*）在很大程度上要感谢蓬帕杜夫人的资助。蓬帕杜夫人也喜爱新风格的建筑和装饰艺术，她采用的特色建筑风格被称为"蓬帕杜风格"。她购买并改建了戴弗农公馆，也就是现在的法国总统府爱丽舍宫的前身；还参与设计巴黎协和广场。我们也不得不承认，由路易十五的情妇们所组织的沙龙活动是当时巴黎文化生活中不可或缺的组成部分。

蓬帕杜夫人

路易十六（Louis XVI）

路易十六（1754—1793）是路易十五的孙子，也就是那个著名的、在法国大革命中被砍了头的国王。可事实上，路易十六做了很多实事：他支持了北美的独立战争；主持签订了让美英停战的《巴黎条约》；召开"三级会议"，希望解决国债危机；签署《人权宣言》，愿意放弃专制王权而实现君主立宪。因此，路易十六在当时的法国人民心中的威望实际上是很高的。

然而，历史的发展有时很难随人所愿，法国经济恶化，人民生活极度困难，这些都加剧了整个法国社会的动荡，社会从王权向资本主义发展的势头更是以不可逆转之姿态袭来。这一切都推动了波旁王朝的覆灭，最终路易十六在1793年——他38岁的时候——被革命者推上了断头台。当时的革命党领导罗伯斯庇尔（Maximilien de Robespierre，1758—1794）说："路易必死，因为共和必生。"然而，在时光流逝了将近200年后，1989年7月14日的法国国庆日暨庆祝法国大革命200周年的庆典上，当时的法国总统密特朗（François Mitterrand，1916—1996）说："路易十六是个好人，把他处死是件悲剧，但也是不可避免的。"

> 路易十六的死意味着波旁王朝就此结束，也意味着法国帝王时代的终止。
>
> 　　　　　无比感叹法国"路易们"命运的姑姑

法国大革命和拿破仑 | "巴士底"和"滑铁卢"

1789年7月14日,巴黎的革命者攻占了巴士底监狱(La Bastille,也称作 Bastille Saint-Antoine),法国大革命就此爆发,法国共和派登上了历史舞台。1792年,法兰西第一共和国成立;相对于帝国及王国,共和的特点是"国家元首并非世袭的皇帝,而是以民主选举的方式选出"。一般来说,共和制就意味着国家各种不同的阶级联合起来共同谈和、协商、管理国家,而不再由国王做主。

巴士底(Bastille)现在是巴黎的一个广场,也是地铁的一站,至今仍然有着"革命"的象征意义。每年法国工会组织罢工的时候,都喜欢在巴士底广场(Place Bastille)集合。你要是来巴黎旅游,是很有可能目睹这样的罢工集会的。

在大革命爆发时,当时的巴黎市长在巴黎市的墙体上涂写出一句话——"自由、平等、博爱或死亡"(Liberté, Égalité, Fraternité, ou la mort)。后来,这句话逐渐演变成了我们已经提过数次的法国国家格言"自由、平等、博爱"。

▎自由、平等、博爱或死亡▎

第一共和国之后，法国进入了政权频繁交织更迭的时代，先是1804年拿破仑夺取政权，建立了法兰西第一帝国。此后，拿破仑于1815年因失败被流放，波旁王朝复辟。1830年时，"七月革命"爆发，"七月王朝"由此诞生。而1848年，七月王朝被推翻了，法兰西第二共和国成立。1851年，拿破仑三世发动政变，次年成立了法兰西第二帝国。1870年，"普法战争"爆发，法军连连失败，同年的法国"九月革命"推翻了第二帝国，法兰西第三共和国宣告成立，这个政体一直持续到1940年法国在第二次世界大战中被德国占领为止。法兰西第三共和国期间，还曾短暂出现过全球的第一个无产阶级政权——巴黎公社。

法国的这段历史让人看得头晕眼花，算起来在一百多年的时间里法国更换了好多个"朝代"，还存在着好多个"帮派"，等你上高中学世界史的时候，教科书上就会讲得更加全面。不过，姑姑我不是专业的历史老师，就给你讲讲这一百多年的混乱历史中最重要、最有意思的事项吧。

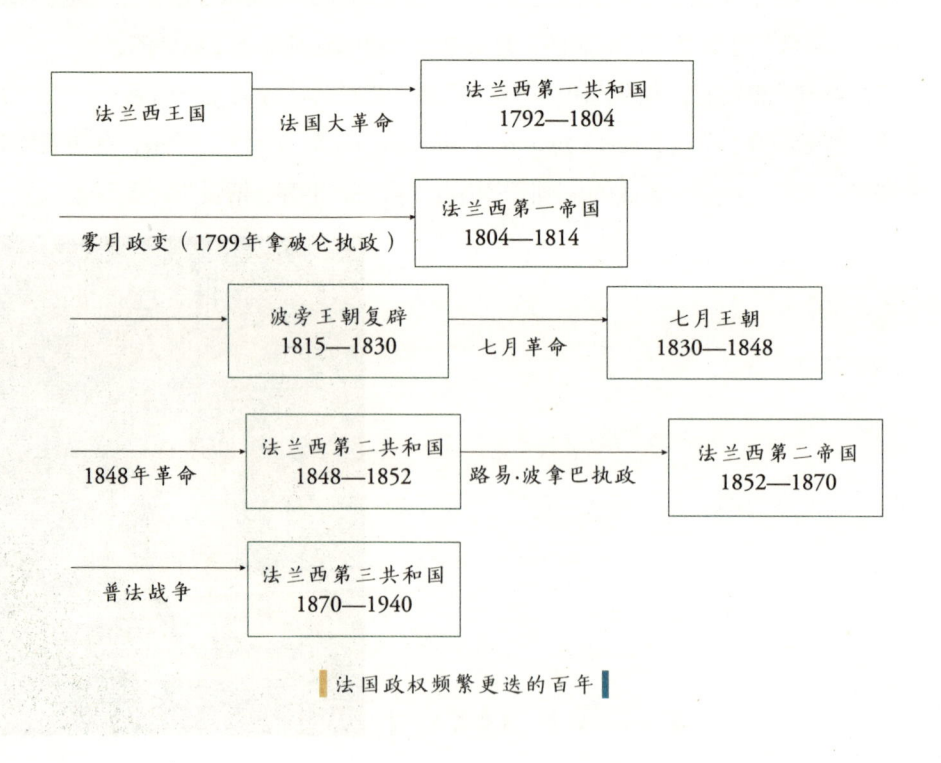

法国政权频繁更迭的百年

在这段历史中,名气最大、对世界历史影响最深的拿破仑,他的全名叫作拿破仑·波拿巴(Napoléon Bonaparte,1769—1821),也就是拿破仑一世(Napoléon I),法国人对他又爱又恨。科西嘉岛刚刚被卖给法国的第二年,拿破仑在岛上出生;因此拿破仑刚到巴黎上学的时候法语特别不好,经常遭到同学的嘲笑。可他是个意志坚定的人,最终以优异的成绩毕了业,并进入巴黎军官学校学习,成为一名炮兵军官。

拿破仑是个杰出的军事家,他在 26 岁的时候就已经当上了法国意大利方面军的总司令。1799 年时,掌握了军权的拿破仑最终发动政变,成为法国的独裁者。他在 1804 年时,号称自己通过了同意票比例为 99.93% 的全民公决,因此被参议院拥举为皇帝,建立了法兰西第一帝国。拿破仑称帝后,他领导的法兰西第一帝国与欧洲反法同盟进行对抗,这几乎将所有的欧洲列强都卷入其中。在取得了一系列的胜利后,法国在欧洲大陆取得了相对主导的地位。

拿破仑也是个特别厉害的政治家和法学家。他在执政之后,对法国进行了政治、教育、司法、行政、经济等方面的改革,比如建立法兰西银行,改革税法,改建道路和下水道系统,等等。拿破仑还有一项至今对全世界都有重要影响的成就,他颁布了由他本人亲自参与讨论并最终确定的《拿破仑法典》。这部法典的正式名称是《法国民法典》(*Code civil des Français*),其遵循自由、平等的观念是近代民法典的典范,是大陆法系的主要代表,深深影响了后来很多国家民法的制定。

拿破仑对法国教育的改革也非常重要。他自己担任着当时法国科学院的院长;1802 年 5 月,他创立了"法国荣誉军团勋章",用于取代旧时的荣誉和骑士勋章体系,以鼓励

▎拿破仑一世▎

民事和军事成就，后来还包括了文学、艺术、科学、医学、教育等方面的成就。这一勋章至今仍是法国的最高荣誉勋章，也成为世界性的荣誉勋章。中国的一些名人也因为自己的辉煌成就获得过这一勋章，比如写了好多武侠小说的金庸先生。

虽然拿破仑干了不少实事，但他依旧是个独裁者，他对欧洲其他国家的入侵和统治更是引起了全欧洲的反感，他称帝的举措也受到教会的抵触。以前的法国国王都要由教会加冕，拿破仑则是自己为自己加冕。在卢浮宫里，有一幅特别大的油画《拿破仑一世加冕大典》（*Le Sacre de Napoléon*），画中藏着有好多玄机，我回头要详细地告诉你。1815年，拿破仑在滑铁卢战役中失败，被俘且被流放，最终死在了西非沿岸的一个小岛上。

人们对如何评价拿破仑有着很大的争议，但始终无法否认拿破仑对法国做出的巨大贡献，因此，拿破仑的棺椁依然被摆放在巴黎荣军院里。

你可以在巴黎凯旋门上看到拿破仑的浮雕，卢浮宫等法国古典建筑上的鹰的形象一般也都代表着拿破仑。再告诉你个小秘密——除了鹰之外，还有一种小昆虫也象征着拿破仑，那就是蜜蜂。如果你在法国的雕塑或建筑上发现刻画着一只小蜜蜂，那通常都代表此处与拿破仑相关。

接着，我们来说说拿破仑三世（Napoléon III，1808—1873），拿破仑一世的侄子。他的全名是"夏尔·路易·拿破仑·波拿巴"（Charles-Louis-Napoléon Bonaparte），他既是法兰西第二共和国的总统，也是法兰西第二帝国的皇帝，也就是说他是法国第一个由普选产生的总统和法国的最后一个君主，法国人习惯称他为"路易·波拿巴"。

总体来说，拿破仑三世是一个开明的领导人。他在位期间，法国第一次把发展经济明确放在首位，进行各种工业化发展，迅速实现了现代化，帮助了很多商人和劳工。拿破仑三世还促进了自由贸易，打破了不少贸易壁垒。在他的鼓励下，法国建立起一种新的储蓄机构，有点儿像现在的股份公司，这也促使法国经济能够快速发展。

要是论起拿破仑三世对法国最大的贡献，那就是他对巴黎的改造。当时，拿破仑三世重用一位叫作乔治-欧仁·奥斯曼（Georges-Eugène Haussmann）的男爵，共同改造巴黎，拆除贫民窟，拓宽道路，重建住宅。现在你所看到的巴黎市貌就是由奥斯曼男爵所设计的，他在1852年到1870年之间所改建好的巴黎，至今已经经历了将近150年，基本没有发生变化。那次改造后，巴黎人民的生活品质大幅提高，公共卫生条件也改善了，传染病绝迹，交通较以前顺畅，新建筑较旧建筑更美观、更实用。整个巴黎的下水道系统、新桥梁、歌剧院等设施都在那个时期完成，巴黎市郊也从当时起被划入了巴黎市的版图。不过，也有人认为奥斯曼男爵在改造中毁坏了很多中世纪古迹。

▌拿破仑三世▌

▌奥斯曼男爵▌

拿破仑三世还是一个乐于扩张版图的元首,他在位期间,法国对亚洲发起了不少侵略战争,其中就包括对中国的"第二次鸦片战争"。然而,后来发生的"普法战争"(法国对普鲁士)直接导致了拿破仑三世被俘,法兰西第二帝国灭亡,使法国进入法兰西第三共和国时期。战争为法国带来了灾难,战败的法国不得不将自己的阿尔萨斯 – 洛林地区(Alsace-Lorraine)割让给德国。姑姑小时候学过一篇课文《最后一课》,说的就是普法战争失败后,在阿尔萨斯 – 洛林地区发生的故事。

但是,从德国的角度来看,普法战争是一场非常重要的胜利,为德意志地区带来了一个统一的国家。德意志帝国成立后,迅速取代了法国在欧洲大陆上的强权地位。

虽然世界历史书中一般都管这段历史叫作"普法战争",但是在法国,这场战争被称为"法德战争"(Guerre franco-allemande),也叫作"1870年之战"。

> 历史就是这样,同样的事件从不同角度看是千差万别的。因此,要多多出去走走,打开自己的眼界看更广阔的世界,才能了解得更多,分析得更全面,不是吗?
>
> 　　　　　　打算去科西嘉看看拿破仑故居的姑姑

近代的法国丨国殇纪念日、敦刻尔克和诺曼底

> 小修斯：
> 　　到了近代，法国也"没闲着"，在普法战争之后的 100 年内，法国又经历了好多特别重大的战争和三个共和国时期——第三共和国、第四共和国、第五共和国。

　　1870 年——处于普法战争期间——法国发生了一次"九月革命"，这次革命推翻了拿破仑三世的第二帝国，法兰西第三共和国宣告成立。第三共和国是一个"平淡的"共和国，这个时期内除了打仗就是打仗；但在此期间，法国人民坚定了共和的政体，没再出现些什么人站出来要当皇帝，国家的工业发展稳定，还出现了许多社会服务系统。现在法国的很多老企业都是在第三共和国时期开创的，或者说是在这段时间里强大起来的。

　　法兰西第三共和国期间有几件特别重要的"大事"值得记住：

　　第一件大事就是巴黎公社的建立。我们在之前的信里提过，在 1871 年，也就是法兰西第三共和国刚刚建立的时候，巴黎公社出现了——这是世界上第一个无产阶级政权。虽然，巴黎公社在生存了 60 天后就被镇压，但它的出现对于整个世界来说，的确意义非凡。

　　第二件大事对整个巴黎乃至全世界都产生了重要影响——那就是 1900 年的世界博览会。当年的 4 月 15 日至 11 月 12 日，世界博览会在法国巴黎举行，主题为"世纪回顾"，吸引了超过 5000 万名游客，而当时全法国的人口只有 4000 万。

这次世博会给巴黎留下的最大遗产是著名的埃菲尔铁塔（La Tour Eiffel）。埃菲尔铁塔从 1887 年 1 月 27 日开始建造，塔身分为 3 层，高 324 米，在之后的几十年里都保持为全世界最高的建筑。1889 年 5 月 15 日，铁塔的设计师古斯塔夫·埃菲尔（Gustave Eiffel，1832—1923）亲自将法国国旗升上了铁塔，为世界博览会的开幕典礼剪彩。另外，1900 年的世博会上，放映了人类史上的第一部环幕影片，俄罗斯套娃在世界上首次亮相并获奖。

┃埃菲尔铁塔┃

法兰西第三帝国所经历的第三件大事就是第一次世界大战了。第一次世界大战发生在 1914 年到 1918 年期间，这场战争是欧洲历史上破坏性最强的战争之一，共约 6500 万人参战，超过 900 万士兵和 700 万平民丧生，其中，法国士兵的死亡人数超过了 124 万。

1918 年 11 月 11 日，第一次世界大战结束，因此，11 月 11 日成为法国的"国殇纪念日"（Armistice），也是欧洲很多国家的"和平纪念日"。这是法国的一个重要节日，在这一天里会有许多老兵上街列队游行，以庆祝和平的来之不易。参加这个纪念日庆典的人们大多会在身上佩戴法国蓝色矢车菊（Bleuet de France），或者将花儿装饰在自己的车辆上。

| 蓝色矢车菊 |

1939 年，第二次世界大战爆发；1940 年，当时的法国总理亨利·菲利浦·贝当（Henri Philippe Pétain，1856—1951）向德军投降，放弃了法国北部的领土，傀儡般的"维希政府"（Régime de Vichy）成立，法兰西第三共和国就此结束。

第二次世界大战中，法国有两个地名让全世界耳熟能详：一是敦刻尔克，二是诺曼底。前者代表撤退，后者代表反击。敦刻尔克是法国最北部的城市，诺曼底则在巴黎往西。欧洲的第二次世界大战胜利日是 1945 年 5 月 8 日，现在这也是法国的重要假期，和 11 月 11 日一样都是法国的"国殇日"。和平是人类最宝贵的财富。

第二次世界大战时，法国涌现出很多英雄，其中最重要的人物是戴高乐将军（Charles de Gaulle，1890—1970），他对现代法国的影响是巨大的。

戴高乐将军在第二次世界大战期间领导了"自由法国"运动，以各种方式与法西斯军队对抗。战争结束后，他领导临时政府，由公民公决通过新宪法草案，成立了法兰西第四共和国，并将权力递交给基于政党执政联盟的新共和国政府。但 1958 年时，法国政局再度摆荡，他又临危受命，迅速成立紧急政府。1958 年 9 月，第五共和国宪法经过公民公决通过，第四共和国结束；同年 10 月，法兰西第五共和国正式成立；12 月，戴高乐当选第五共和国首任总统，平息了法国内政的不稳定状况，稳固了法国在战后的大国地位。1963 年 10 月，戴高乐总统授权当时的法国总理蓬皮杜携带他的亲笔信前来中国，开启了中法友好之路。1964 年，中法双方正式建交。

戴高乐总统还支持欧洲大陆联合为"大欧洲"，扩大法国的外交独立，努力降低美国和英国的影响，奉行与盟友不同的外交政策，这一系列思想政策被称为"戴高乐主义"。后来，法国在很长一段时间里都奉行这种遵循独立要旨的戴高乐主义。

法国最大的国际机场——巴黎戴高乐机场（Aéroport de Paris-Charles-de-Gaulle）就是以这位伟人的名字命名，你可以看到机场的名字常被缩写成 CDG（Charles de Gaulle），从中国飞往法国的飞机大都会在戴高乐机场降落。另外，法国海军的第一艘核动力航母"戴高乐号"也因他而命名。

戴高乐总统的后任是乔治·让·蓬皮杜（Georges Pompidou，1911—1974）。蓬皮杜总统在 1973 年 9 月访问中国，他是第一位访问中国的法国国家元首，也是西欧国家元首访华的第一人。从此之后，中法之间的交流就越来越频繁了。蓬皮杜总统对当今法国的影响不小，尤其是对各种现代艺术的发展贡献很大。

戴高乐国际机场

再往后的法国就跟现在差不太多了，当然，这个国家每天都在变化着，每天也都将成为历史。

法国的爸爸妈妈们愿意让小朋友们多读些历史，了解历史能让人学会很多东西。

不过还是要强调一下：要尽力从各种角度全面地看待历史哦。

喜欢读历史书的姑姑

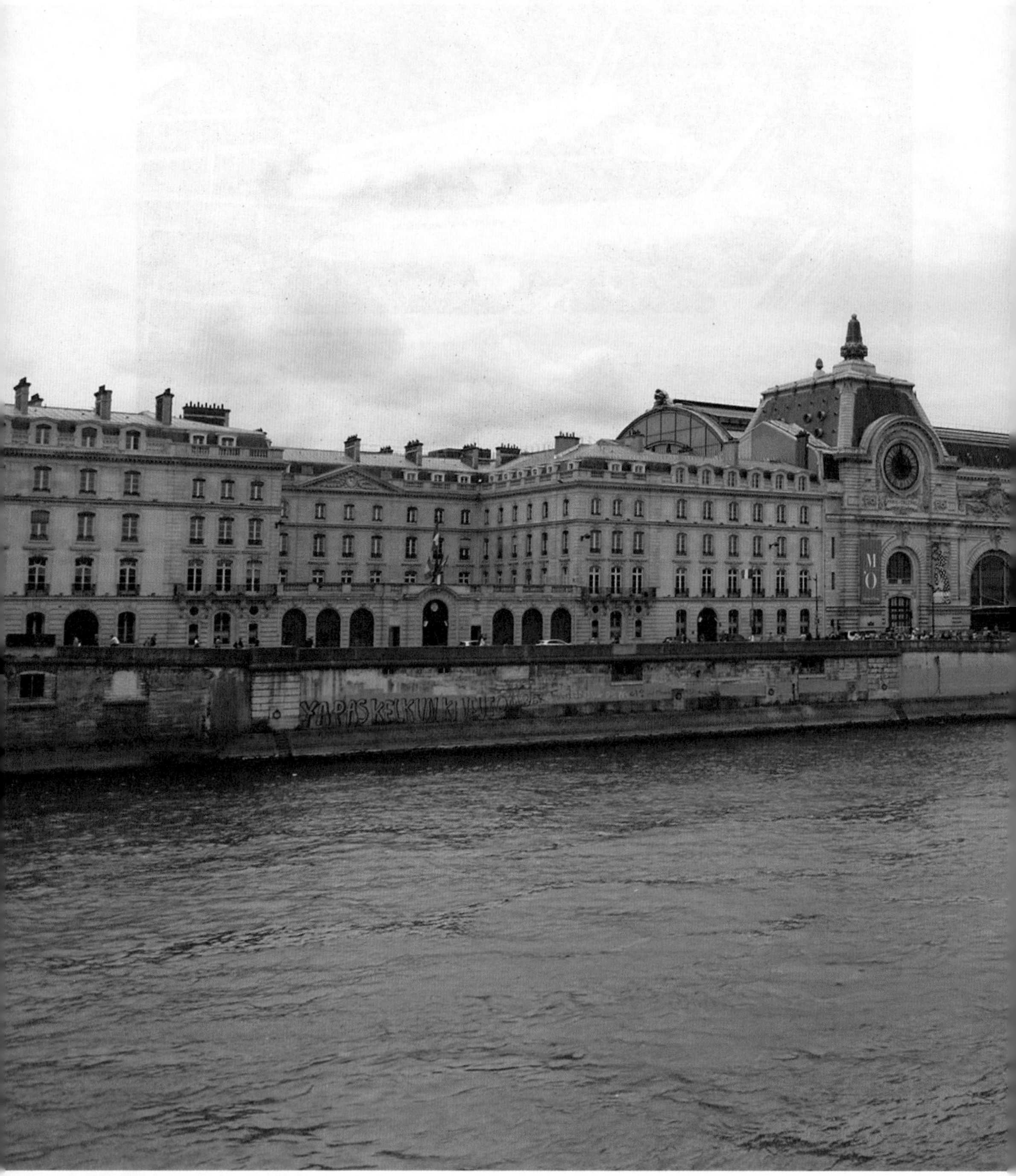

路易十四时期丨欧洲毋庸置疑的霸主

古典主义文学丨群星闪耀时

> 小修斯：
>
> 你曾跟我提过，你的语文老师在课堂上提到了法国有好多好多的著名作家。老师说得一点儿不错，法国的名作家值得所有的文学爱好者们了解和学习。

法语文学的起源很早，但第一个真正的文学高峰是法国的古典主义时期。古典主义时期基本和"太阳王"路易十四统治时期相同（还记得那个"太阳脸"吗），因此也被称为"路易十四时期"，也就是17世纪中叶至18世纪的早期。在那个时候，无论是政治还是文化方面，法国都是欧洲毋庸置疑的霸主。在古典主义时代，政治、宗教和文学的发展都要遵循权威的教条；秩序、均衡、典雅等理念与古典主义密不可分，法国人至今依然严格遵从着这些理念，并将这些理念作为法国文学的宗旨。来打个比方吧，法国学生在回答问题的时候，不能简单地回答"对"或者"错"，而要从不同的角度来分析问题、均衡意见，"保持中立"是很重要的。

莫里哀（Molière，1622—1673）是法国古典主义文学中最重要的大作家，他是一位特别优秀的喜剧作家、演员、戏剧活动家，还是法国芭蕾舞喜剧的创始人。《伪君子》《唐璜》《无病呻吟》等作品都出自莫里哀之手。在法国，人们普遍认为他能够代表"法兰西精神"，最近两年他还被评选为"最伟大的法国人"之一。在巴黎的莫里哀大街（Rue Molière）的街口有一座特别壮观的莫里哀喷泉（Fontaine Molière），现在已然是全世界的文学爱好者们来到巴黎的"观光打卡地"。莫里哀被葬在巴黎的拉雪兹神父公墓（Cimetière du Père-Lachaise）——全世界最著名的墓地之一。

左　街角常见的花朵

右上　莫里哀

右下　法国学者皮埃尔·布尔迪厄的墓地也位于拉雪兹神父公墓中

中外文化大不同丨墓园也是名景点

在巴黎众多的名胜古迹中，共有四座世界闻名的墓园，各地游客往往慕名前来，它们是：拉雪兹神父公墓、蒙马特尔公墓（Cimetière de Montmartre）、蒙帕纳斯公墓（Cimetière du Montparnasse）和先贤祠（Panthéon）。这些墓园中休憩着很多伟大、有趣的灵魂，人们来到墓园实则是为了亲近曾经感动了自己内心的"偶像"们；这些墓园的环境幽静、建筑美观、布局精巧，让游客们能够陶醉在其中。当然，到墓园参观、游览，与中国的传统文化并不是那么一致；在中国，人们往往在祭奠或者纪念活动时才去往墓园，甚至有很多"大人们"对去墓园或墓地有些忌讳，这其实就体现出中国传统文化和一些欧美国家的文化有所不同，甚至可以称得上是有些"冲突"。中国的墓地、墓园，往往都修建在远郊，居民们也不喜欢自己住宅的位置靠近墓园，认为这有些"触霉头"；但是，在很多欧美国家，就比如我们正在讨论的这些法国墓园，它们都位于巴黎市内，甚至在非常市中心的位置。"老外们"并不忌讳这些。

在这四大公墓中，先贤祠的形态更像是一座纪念馆或者博物馆，另外三者则是比较传统的墓园形式，其中面积最大的就是拉雪兹神父公墓。

拉雪兹神父公墓占地 44 公顷，因路易十四的"忏悔神父"拉雪兹神父而得名。当年，拉雪兹神父深受路易十四的喜爱，路易十四还赏赐了他一座巨大的豪华别墅。1804 年，巴黎市政府买下了别墅所在的这片土地，将它改建成为巴黎最大的公墓。那年，正是拿破仑一世统治着法国，法兰西第一帝国的起始年。

实际上，从 1786 年开始，巴黎市内是不许设立墓地的，主要是为了防止疾病的传染。所以拉雪兹神父公墓刚刚开设之初，很少有人愿意使用它——因为它离当时的市区较远。于是，市政府针对这个情况，进行了大规模的宣传，宣传的手段就包括将拉·封丹（Jean de la Fontaine, 1621—1695）和莫里哀的遗体迁葬到拉雪兹神父公墓中。1817年,政府又再次将若干名人的墓地迁至此处。这样盛大的宣传运动的效果是非常显著的,很多的市民希望和这些伟人埋葬在同一个墓园里。除了法国名人外,很多欧美名人也安葬于此,例如:波兰作曲家肖邦(Fryderyk Franciszek Chopin)、英国作家王尔德(Oscar Wilde)和美国舞蹈家邓肯(Isadora Duncan)。拉雪兹神父公墓中安息着许多对世界有重大影响的灵魂。

拉·封丹是一位了不起的法国诗人,他将古希腊、古罗马、古印度以及很多17世纪的民间故事汇集起来,编纂其中的精华部分,也将它们做了恰当的改编,最后以诗歌的方式呈献给世人,这就是有名的《拉·封丹寓言集》(Code civil des Français)。你所熟悉的寓言故事《乌鸦和狐狸》(Le Corbeau et le Renard)就是书中的著名篇幅。

左 拉·封丹
右 《拉·封丹寓言集》扉页

语言课丨修斯的法语时间 III

乌鸦与狐狸

乌鸦先生在树上栖息,
嘴里衔着一块奶酪。
狐狸先生闻到香味,
跑来攀谈客套:
"乌鸦先生,您好!
您真美,漂亮得不得了!
说实话,如果您的嗓音,
优美如您的羽毛,
那您定是林中凤凰。"
乌鸦听了得意忘形,
张嘴炫耀美妙嗓音。
奶酪瞬间掉落地上,
狐狸马上抢到嘴边,
说道:
"我的乌鸦先生,
好好记住这个教训。
谄媚者依靠谄媚过活,
谁爱听奉承就该谁倒霉。
这块奶酪换来教训也不算亏。"
乌鸦又恼又悔,
发誓不再上当,
但是为时已晚。

▍1960 年匈牙利邮票票面是《乌鸦与狐狸》▍

Le Corbeau et le Renard

Maître corbeau, sur un arbre perché,

Tenait en son bec un fromage.

Maître Renard, par l'odeur alléché,

Lui tint à peu près ce langage :

"Et bonjour, Monsieur du Corbeau.

Que vous êtes joli! Que vous me semblez beau!

Sans mentir, si votre ramage

Se rapporte à votre plumage,

Vous êtes le Phénix des hôtes de ces Bois ."

A ces mots le corbeau ne se sent pas de joie :

Et pour montrer sa belle voix ,

Il ouvre un large bec, laisse tomber sa proie.

Le Renard s'en saisit, et dit : "Mon bon Monsieur,

Apprenez que tout flatteur

Vit aux dépens de celui qui l'écoute.

Cette leçon vaut bien un fromage, sans doute. "

Le corbeau honteux et confus

Jura, mais un peut tard, qu'on ne l'y prendrait plus.

蒙马特高地 | 当代艺术之家

　　距离拉雪兹神父墓地不远就是蒙马特公墓。蒙马特实际上是巴黎北部的一个小山坡，著名的圣心教堂就位于此处，站在圣心教堂门前的广场上便可以观赏到整个巴黎的风景。许多艺术家都曾在蒙马特地区生活创作过，他们去世之后，其中的不少人被埋葬在蒙马特公墓里，也正是因此，不少游客喜欢到蒙马特公墓去瞻仰这些名人的墓碑。

　　法国另有一位大文豪左拉（Émile Zola，1840—1902），他出生于法国巴黎，主要作品为《卢贡－玛卡一家人的自然史和社会史》，这部作品里包含着20部长篇小说，登场人物达1000多人，其中的代表作有《小酒店》《萌芽》《娜娜》《金钱》等。左拉原本也被安葬在蒙马特，后来因其对法国文学的伟大贡献，他的棺椁被移入了先贤祠。不过，现在你还可以在蒙马特看到他的墓碑。

　　如今的蒙马特是巴黎的艺术家们最爱的聚集地，蒙马特广场上长年有很多艺术家为游客们当场画像。

长眠先贤祠的美好灵魂丨献给伟人，祖国感谢他们

我们接着来说说先贤祠，这里是众多法兰西伟人的长眠之处。那些对法兰西民族做出杰出贡献，尤其在精神层面上激励了法国人的人物才能安葬于此。入先贤祠安葬需要经过特殊的委员会评定，因此，从1791年至今只有七十多位法国伟人长眠于先贤祠中，其中包括了科学家居里夫妇。

先贤祠的中间有个大大的金色铅锤，法国物理学家莱昂·傅科（Jean-Bernard-Léon Foucault，1819—1868）在1851年用这个大家伙证明了地球自转。从此，这种证实地球自转的钟摆就被叫作"傅科摆"。这个大钟摆摆动一个来回用时16.5秒，完成整圈的旋转需要6小时。先贤祠位于巴黎的5区，坐地铁10号线在"Cardinal Lemoine"站下车即可。

在法国大革命开始之前，法国出现了很多思想启蒙家，紧接着还涌现出很多浪漫主义文学大师。这些启蒙思想家和文学大师对整个法国乃至全世界的思想和文学发展都产生了巨大影响，法国人对这些伟大的作家特别尊重。其中，有四位重要作家的棺椁被安放在先贤祠中。

伏尔泰和卢梭的棺椁在先贤祠中处于非常重要的位置，他们都是法国大革命之前的启蒙思想家。

伏尔泰（Voltaire）的本名是弗朗索瓦‒马利·阿鲁埃（François-Marie Arouet，1694—1778），他写过很多哲学、历史、戏剧作品，还写过不少的科普文章。伏尔泰在英国生活多年，他非常推崇牛顿的科学理论，因此还写过一本《牛顿哲学原理》（*Éléments de la Philosophie de Newton*）。咱们所熟知的很多关于牛顿的小故事，都是由伏尔泰介绍给大众的，就比如"苹果掉在牛顿头上，让他发现了万有引力"的那个故事。如果说牛顿是个发现了很多科学原理的大科学家，伏尔泰就是将这些科学原理通俗化地传播给世人的那个人。

| 伏尔泰 |

| 卢梭 |

| 雨果 |

在先贤祠中，伏尔泰的雕像矗立在他的棺木之前，他棺木上的文字是这样总结他的："诗人、历史学家、哲学家，他拓展了人类的精神世界，他使人类懂得，精神应该是自由的。"在法国人心中，伏尔泰是"法兰西思想之父"，还被称为"精神王子"。

卢梭（Jean-Jacques Rousseau，1712—1778）的棺木上则写道："自然与真理之人"。卢梭撰写了《社会契约论》《忏悔录》《论人类不平等的起源和基础》《论科学与艺术》等诸多巨著，这些作品是全人类的巨大财富。后来的很多大文豪也都很崇拜卢梭，比如歌德、托尔斯泰，等等。康德（Immanuel Kant）曾这样说："卢梭使我的双目重见光明。"

另一位在先贤祠中长眠的大文豪是维克多·雨果（Victor Hugo，1802—1885）。他是法国浪漫主义文学的代表人物，还是法国文学史上最卓越的作家之一。《巴黎圣母院》和《悲惨世界》是他的代表作，修斯你一定听说过。

《巴黎圣母院》（*Notre-Dame de Paris*）是一本浪漫主义小说，故事发生的地点就以矗立在巴黎市中心塞纳河中的西提岛上的巴黎圣母院为原型。故事设定在1482年，主要讲述了发生在吉卜赛少女爱丝梅拉达（Esmeralda）、副主教克洛德·孚罗洛（Claude Frollo）和驼背敲钟人加西莫多（Quasimodo）之间的故事。"加西莫多"后来还成为"外貌丑陋、内心伟大"的代名词。

《巴黎圣母院》这部小说中包罗万象，可以说是从法国的国王说到地沟里的老鼠，书中涉及法国的

生活、文化等方方面面，还对巴黎圣母院的真实场景作详细描写。雨果在小说中批评了巴黎圣母院没有进行良好维护，建筑年久失修。于是，《巴黎圣母院》这部小说的出版和畅销引发了一个意想不到的结果——刺激了人们开始重视历史文物的保护，并且促进了哥特式建筑的再次复兴。后来，《巴黎圣母院》激发了法国建筑设计师维欧勒·勒·杜克（Eugène Viollet-le-Duc，1814—1897）维修这座中世纪建筑的决心，于是，他在19世纪时对巴黎圣母院进行了重大的修缮，全世界的旅游爱好者们在今天看到的圣母院外观就是那次修缮的结果。

"Notre-Dame"这个法语词汇翻译成中文，可以表达"我们的母亲"的意思；如果你在法国旅游时看到"Notre-Dame"的字样，则通常指的是"古老的教堂"——也就是指"圣母院"。法国的很多城市都有属于自己的圣母院，"Notre-Dame de Paris"指的是"巴黎的圣母院"。法语里最常使用的一个词就是"De"，这和中文中"的"意思相同。巴黎圣母院的位置很好，非常有利于游客们寻找——只要一直沿着塞纳河走，到达巴黎的市中心，一眼就能看到。

▌1862年首版《悲惨世界》插画中的珂赛特形象▐

雨果的另外一部文学巨著是《悲惨世界》（*Les Misérables*）。这部小说称得上是19世纪最著名的小说之一，它详细描绘了19世纪20年代法国底层大众的生活，小说中还涉及了法国大革命、巴黎公社建立等重要的历史时刻。《悲惨世界》曾被改编成很多其他的艺术形式，光电影版本就有好几个，还有动画片版，音乐剧也特别著名。

这部小说精彩非凡，只是情节复杂、篇幅长，法语原著厚达1900页呢！修斯小朋友，要是你现在读它，大概会觉得挺费劲，所以，我推荐你先读一读连环画形式的《悲惨世界》。

除此之外，雨果亦是画家、诗人、政治家，是法国文化坚定的捍卫者，他坚信人文的进步能够促进全社会的发展和进步。雨果在世时，法国人就非常热爱并且尊重他，还将他在巴黎居住的那条街改名为"维克多·雨果大街"，就位于凯旋门旁。另外，法国几乎每座其他的城市也有一条"维克多·雨果大街"。雨果逝世于1885年，他在生前曾要求为自己举办一个"穷人的"葬礼，但当时的法国总统还是在人民的呼吁下为雨果举行了国葬，超过200万人参加了葬礼的游行。雨果的遗体被安排由"穷人的灵车"运送到凯旋门之下，并停灵一夜，之后安葬在先贤祠中。直至今日，雨果依然是所有法国人心目中的法国精神与文化的重要代表。

> 小机灵鬼修斯，你说要是来到巴黎，最想看的就是巴黎圣母院和先贤祠，要不，这次暑假就来吧？不过你要先好好了解一下法国文学，这样你到这儿来后看到各种景物，才能知道里面发生的故事，才会觉得更有意思。

雨果大街标志

风浪中的伊夫岛

先贤祠里还安息着一位 19 世纪的法国浪漫主义文豪，他就是大仲马（Alexandre Dumas，1802—1870）。《基督山伯爵》《黑郁金香》《玛歌王后》《铁面人》《三个火枪手》（也常被译为《三剑客》）都是他的作品。据说他在一生中创作了 150 多部小说和 90 多部剧本。

《基督山伯爵》（*Le Comte de Monte-Cristo*）是大仲马最成功的作品。这是一本冒险小说，故事发生在 1815—1838 年间的法国（正是法国革命和政权更替的时期）。小说里面写到了法国的许多城市和岛屿，还对马赛海边的伊夫岛（Lle D'If）和岛上的伊夫城堡（Chadeau D'IF）描写得十分详细。因为大仲马在现实中看到伊夫城堡的地貌，觉得很是险峻，所以决定将小说中的基督山伯爵的囚禁地设定在伊夫城堡中。大仲马的另一部小说里的铁面人也是被关押在伊夫城堡中的。小说出版后，这座小岛和岛上的城堡便因为小说的成功而闻名于世了。

《三个火枪手》更是一部非常经典的作品。有人说，如果只能读一本大仲马的小说，那么就请读《三个火枪手》。这个小说的故事背景设定在路易十三时期，主要记录了年轻人达达尼昂（D'Artagnan）离家前往巴黎并加入火枪队的故事。不过，达达尼昂并不是书名中的"三个火枪手"之一，那"三个火枪手"其实指的是达达尼昂的朋友阿托斯（Athos）、波尔多斯（Porthos）和阿拉密斯（Aramis）。小说里还有个重要人物"红衣主教黎塞留"，还记得他吗？他是一个真实存在于历史中的人物呢。大仲马的小说就是这样把真实的历史和虚构的故事联系在一起的。达达尼昂有句名言"人人为我，我为人人！"修斯，你听说过吗？

　　大仲马本人曾说过："什么是历史？就是给我挂小说的钉子啊。"因此，他的读者们不难发现，大仲马的小说大部分以真实的历史作为背景，故事情节曲折生动，又往往出人意料，所以读起来特别有趣。也正因为大仲马是个特别擅长说故事的人，他的小说有特别多都被拍成了电影和剧集。

　　2002年，大仲马的灵柩在当时的法国总统希拉克（Jacques Chirac）的建议下被移入了先贤祠。

小仲马同样是法国的著名文学家，他的法语名字也是"Alexandre Dumas"，就和他父亲大仲马的名字一模一样！因此，人们常常在小仲马的名字后面加上后缀"fils"（儿子）以示区分；而在中文里，我们直接把"大仲马的儿子"翻译作"小仲马"（Alexandre Dumas，fils，1824—1895）。

小仲马有别于他的父亲，他注重戏剧创作，最著名的作品要数《茶花女》（*La dame aux camélias*）。这起初也是一部小说，后来由小仲马自己改编为话剧，就是这话剧版《茶花女》的巴黎演出让小仲马一举成名。再后来，著名的意大利作曲家威尔第（Giuseppe Verdi，1813—1901）根据小仲马的这部作品改编出了歌剧《茶花女》（*La Traviata*）。

茶花女的故事取材于当时巴黎剧院的交际花玛丽·杜普蕾西丝（Marie Duplessis）的故事。玛丽·杜普蕾西丝在现实生活中和小仲马相识相交，不幸的是，她在1847年病逝于巴黎，年仅23岁。1895年11月，小仲马辞世，葬于巴黎的蒙马特公墓，距离他的茶花女玛丽·杜普蕾西丝的墓仅100米。

大仲马和小仲马所生活的时代是法国文学尤其繁荣的时期，这个时期的法国文坛中还活跃着许多其他的大文豪，他们留下了很多经典名著，巴尔扎克、福楼拜、莫泊桑和司汤达就在他们之中。

歌剧《茶花女》第一幕场景

巴尔扎克（Honoré de Balzac）深受全世界读者的喜爱，他最伟大、最经典的作品要数《人间喜剧》（*Comédie Humaine*）。《人间喜剧》并非一个单一的故事，而是一系列小说——总共 91 部。这 91 部小说里描绘了超过 2400 个人物，被视为人类文学史上罕见的文学丰碑，也被称为法国社会的"百科全书"。《人间喜剧》塑造了很多有意思的故事和人物，中国读者特别熟悉的是《欧也妮·葛朗台》（*Eugenie Grandet*），其中"老葛朗台"那吝啬的形象深入人心，以致"葛朗台"这个名字已经成为"守财奴"的代名词。

《人间喜剧》中的部分故事读起来很是残酷、伤感，但确实是当时民众真实生活的写照，因为巴尔扎克曾在律师事务所工作过多年，他目睹过很多普通人民生活中的苦难，后来把这些真实的案例转化成了小说素材。因此，读者们能够很容易地在实际的生活中找到《人间喜剧》中的类似场景或人物，容易产生共鸣。巴尔扎克的这种写实风格被称作"现实主义风格"，他是法国现实主义文学成就最高者的代表。

左 《欧也妮·葛朗台》书中插画
右 巴尔扎克签名

福楼拜（Gustave Flaubert，1821—1880）也是一位写实派的作家，他认为写文章要尽量做到像科学家一般客观严谨，描写人物要像定义标本一样字句仔细推敲。他的代表作是《包法利夫人》（*Madame Bovary*）。

福楼拜的学生中也不乏著名作家，例如居伊·德·莫泊桑（Guy de Maupassant，1850—1893），《羊脂球》《我的叔叔于勒》《项链》《漂亮朋友》等都是他的作品。莫泊桑的作品有个特别之处，与其他作家很是不同：当时的许多小说家往往把故事背景设置在巴黎，但福楼拜喜爱提及他所生长的诺曼底地区，他常常在自己的小说中很用心地描绘诺曼底美妙的自然风光，读者们读通过阅读便能一览秀丽的风景。

同时期的法国还有一位写实派的作家——阿尔丰斯·都德（Alphonse Daudet，1840—1897），他是莫泊桑的好朋友。姑姑小时候的语文课本里就收入了一篇都德的作品，也就是我们在讨论"普法战争"时所提到的《最后一课》（*La Dernière Classe*），描写的是法国阿尔萨斯－洛林地区的生活，那里的环境特别优美，是个值得旅游的好地方。阿尔萨斯有一个重要城市斯特拉斯堡（Strasbourg），这个名字是由日耳曼语法语化而来。这片地区在当时由于处在德法交界，成为两国纷争最激烈的地方。如今，拉丁文化和日耳曼文化在这里充分交织融合，无论建筑风格还是生活习惯，处处体现着两种文化并行的美感，因此我特别推荐游客朋友们到那儿观光。

| 福楼拜 |

| 莫泊桑 |

| 都德 |

097

与法兰西的 10 个约定

阿尔萨斯地区的葡萄园

  小修斯，我还要告诉你的是：在法国的博物馆、花园中都经常能看到都德的画像或雕塑。法国人对都德这位作家是较为熟悉的，甚至能说出都德生于法国的南部城市尼姆（Nimes）；但是，大多数法国人没有听说过《最后一课》这篇短文——大概是因为每个国家的读者对作品的鉴赏角度不同吧。

>   阅读和分析以上所介绍作家们的作品对于研究历史、思考人性都很有帮助，但是，他们的很多作品都比较深奥，甚至有些难读懂。
>   因此，姑姑我想再为你介绍三位法国作家，他们的作品更加适合青少年们阅读。
> 很喜欢《最后一课》，
又觉得那篇文章有些伤感的姑姑

语言课丨修斯的法语时间 IV

清朝光绪年间，福建的翻译家林纾把大仲马和小仲马的作品翻译成了中文，"Dumas"这个名字也由于他的福建口音被译为"仲马"。实际上，"Dumas"的法语发音是"dü ma"，和我们的汉语拼音中的"du ma"比较接近。

法语中的亲属称谓其实较为简单，并不如中文里区分得细致，对长辈的称呼只需要记住："爸爸""妈妈""爷爷""奶奶""叔叔""姨姨"就差不多够用了。

法语亲属称谓

中文	法文	法文昵称/简称	备注
父亲	Père	Papa	Papa 的发音和中文的"爸爸"是一样的
母亲	Mère	Maman	Maman 的发音有一点儿像"妈萌"（妈妈都是萌的）
祖父/外祖父	Grand-père	Papi	
祖母/外祖母	Grand-mère	Mamie	每个地区的孩子对奶奶的称呼都有一点儿区别，Mamie（妈咪）是比较常见的，指的是祖母，不是英语里的妈妈
儿子	Fils		法国著名的网球明星蒙菲尔斯的法语名称拼写是 Monfils，字面意思竟然是"我的儿子"！
女儿	Fille		
孙子/外孙	Petit-fils		Petit 的意思是"小"，法语里面的"小儿子"指"孙子"，要想指示最小的儿子通常会说"最后一个儿子"
孙女/外孙	Petite-fille		Petite 和 Petit 实际上是一个词，一个阴性，用来形容女孩；一个阳性，用来形容男孩
伯父，叔父，舅父，姑夫，姨夫	Oncle	Tonton	这两个称呼指代的范围较广，因此，亲戚中会出现用一个称呼喊多个人的情况，因此，孩子们会在称呼之后加上具体的名字
伯母，婶母，舅母，姑母，姨母	Tante	Tata	
表兄弟，堂兄弟	Cousin		
表姐妹，堂姐妹	Cousine		
侄子/外甥	Neveu		
侄女/外甥女	Nièce		
继父，岳父，公公	Beau-père		Beau 的意思是"帅"，Belle 的意思是"美丽"，法国人在形容与自己没有血缘关系的父母时用词很美好
继母，岳母，婆婆	Belle-mère		

推荐作家Ⅰ "老少皆宜款"

亲爱的小修斯：

按照约定，姑姑今天要给你介绍三位"不难读"的法国作家，在法国，不论大人还是孩子，都非常喜欢他们的作品。

第一位作家和我们说过的许多大文豪处于同一时代——19世纪，只是他的作品比较特殊，他是一位科幻小说家，叫作儒勒·凡尔纳（Jules Verne，1828—1905）。凡尔纳一生写了六十多部大大小小的与科学幻想有关的小说，被誉为"科幻小说之父"。《格兰特船长的儿女》《海底两万里》《神秘岛》《环游世界八十天》都是凡尔纳的作品。

姑姑我最喜欢看《环游世界八十天》（*Le Tour du monde en quatre-vingts jours*），我在很小的时候就读过好多遍，上个月的时候又读了一次。故事讲述的是主人公用80天环游整个世界的历险经历，书里描写了世界上很多地区不同的文化和风景，还包含了对中国的描述，十分有趣；当年还很小的我，从这本小说里第一次了解到"国际日期变更线"的概念。

实际上，《格兰特船长的儿女》（*Les Enfants du capitaine Grant*）、《海底两万里》（*Vingt mille lieues sous les mers*）和《神秘岛》（*L'Île mystérieuse*）是三本连贯的小说，它们合称为"凡尔纳三部曲"，凡尔纳在这三部小说里充分展现了自己非凡的想象力。

在凡尔纳的小说中，你可以读到很多在19世纪根本不存在、在20世纪却纷纷出现了的事物，比如霓虹灯和直升飞机。1863年，凡尔纳在他的作品《20世纪之巴黎》（*Paris au XXesiècle*）中描写过 100 年后的巴黎夜景："一座没有很大实用价值的灯塔刺向夜空，高达 5000 法尺（约合 150 米），这是世界上最高的建筑物。"作品发表的 26 年后，在距小说中所描述位置的不远处，300 米高的埃菲尔铁塔竟然真的建成了！凡尔纳在同一部作品中还写道："传真、电报，能将任何的手稿、签名或图示送到很远的地方，同样可以让你与 2000 公里以外的人签约。"——这与我们现在使用的电子邮件、微信、QQ 是多么相似啊！

  有人说，看凡尔纳的小说不但可以了解到 19 世纪后期的科学技术水平、地理状况、经济格局和社会文化，还可以感受到当时欧洲探险家们的认知观念和精神风貌。的确如此，阅读凡尔纳的小说如同搭乘时光机器回到 19 世纪，站在 19 世纪展望我们现在的生活。凡尔纳小说中的故事情节也很有趣，并不像同时代其他作家的作品那样沉重，读起来轻松愉快，这些就是我推荐少年、少女们来阅读的原因。

夜幕中的埃菲尔铁塔

法国有两座城市与凡尔纳密切相关：他的家乡——南特（Nantes），他生活过的地方——亚眠（Amiens）。南特靠近诺曼底，在卢瓦尔河的下游，是法国的第六大城市。更值得一提的是，南特有一座特别好玩的主题游乐园——南特机械岛（Les Machines de l'île），整个公园都根据《海底两万里》中描述的神奇景象设计和开发。

　　机械岛里最著名的设施是一头由木头和钢铁构成的"巨象"，高 12 米，宽 8 米，重 50 吨，每小时可以行走 3 公里，象背上可以乘坐大约 50 个人。亲爱的小修斯，我要和你约定，一起骑上这头"巨象"，在它宽厚的背上看南特！

　　亚眠则位于法国的北部，凡尔纳人生中的最后三十多年都在这里度过，直至 1905 年去世，凡尔纳都居住在亚眠的"凡尔纳故居"中。另外，如今的法国总统马克龙（Emmanuel Macron）也是亚眠人。

50法郎上的安托万·德·圣-埃克苏佩里和小王子形象

我要说的第二个作家嘛，你可能对他的名字不太熟悉——安托万·德·圣-埃克苏佩里（Antoine de Saint-Exupéry，1900—1944）。他最著名的作品已经被翻译成了250多种语言，还曾当选20世纪法国的最佳图书，是世界最畅销的图书之一，至今在全世界范围已经销售出2亿多册——那就是《小王子》（Le Petit Prince）。我相信你一定读过《小王子》，我还猜想你并不是那么喜欢这本书。告诉你吧，姑姑以前也不太喜欢，可是随着年龄的增长，我却越来越觉得这本书有意思——里面的很多句子极有可能要等你长大后才能真正理解。比如，"人只有用自己的心才能看清事物，真正重要的东西用眼睛是看不到的。""每个大人都曾经是小孩，只是大多数人都忘了！"所以，请好好保管你手中的《小王子》，过几年之后再读一次吧！

安托万·德·圣-埃克苏佩里的法语全名是Antoine Marie Jean-Baptiste Roger, comte de Saint-Exupéry。其中，"Comte"是"伯爵"的意思——他是圣-埃克苏佩里世家的世袭伯爵，一个地道的法国贵族。他还是个诗人，更是个特别棒的飞行员，《小王子》中所描述的飞行员坠机于撒哈拉大沙漠的情节就取材于他自己的亲身经历。圣-埃克苏佩里本人在《小王子》出版了几个星期后就加入了法国空军，参与到抗击法西斯的战争中；不幸的是，1944年时，他在执行任务中失踪了，当年只有44岁。此后，他被追封了"法兰西烈士"的称号。2004年，人们终于在马赛附近的海域发现了他当年战斗机的残骸。

安托万·德·圣–埃克苏佩里是里昂人，里昂的机场便使用了他的名字来命名。在法国东部阿尔萨斯的安热塞姆市郊，还有一座小王子主题公园（Parc du Petit Prince），公园里到处都是以飞行、自然和星际旅行为主题的游乐设施，还有4D影院、玫瑰园、蝴蝶农庄，各种各样的游乐项目全部取材于这部著名的童话小说《小王子》。在公园里，人们可以乘坐"小王子热气球"升到150多米的高空。小王子公园里还有欧洲最早发现的陨石坑，这是不是让整座公园蒙上了一些神秘色彩呢？

我想介绍的第三位是个当代作家，现在依然在不断地创作小说，他就是近几年来法国最热门的畅销作家——马克·李维（Marc Levy）。他的书都富有正能量和爱心，最最著名的作品莫过于《偷影子的人》（Le voleur d'ombres）了。姑姑我给好多人都推荐过这本书，当然也希望你能读一读。这本书里讲了个有点儿奇幻的小故事，还说了很多日常生活的道理，相信一定会对你有帮助的。书中说："永远不要将人拿来比较，每个人都与众不同，重要的是找到最适合自己的差异性""人要学会克服恐惧、面对现实，才会成长"。姑姑强烈推荐你和爸爸妈妈一起来阅读这本书，他们看过之后会更加理解你，你也会发觉和爸爸妈妈在一起的时光是世间最美好的日子，要好好珍惜。

咱们今天说的这几位作家的作品都具有浓烈的法国特色——充满想象力，浪漫而温暖，很适合青少年阅读。虽然他们的作品不属于传统意义的经典名著，学校的老师们未必给你讲到过这些，但书店和图书馆里一定有这些书，快去找来看看吧！

然后——就是我们和法兰西的第四个约定啦——骑一骑机械岛里12米高的机械大象！姑姑我虽然很喜欢凡尔纳，也很喜欢南特，可还从没有亲自坐上那只机械象呢。其实，机械岛里还有一尊"龙马"，它曾经去过北京奥体公园行走，你还记得爸爸妈妈曾经带你去参观过吗？

有点儿想去小王子公园坐热气球的姑姑

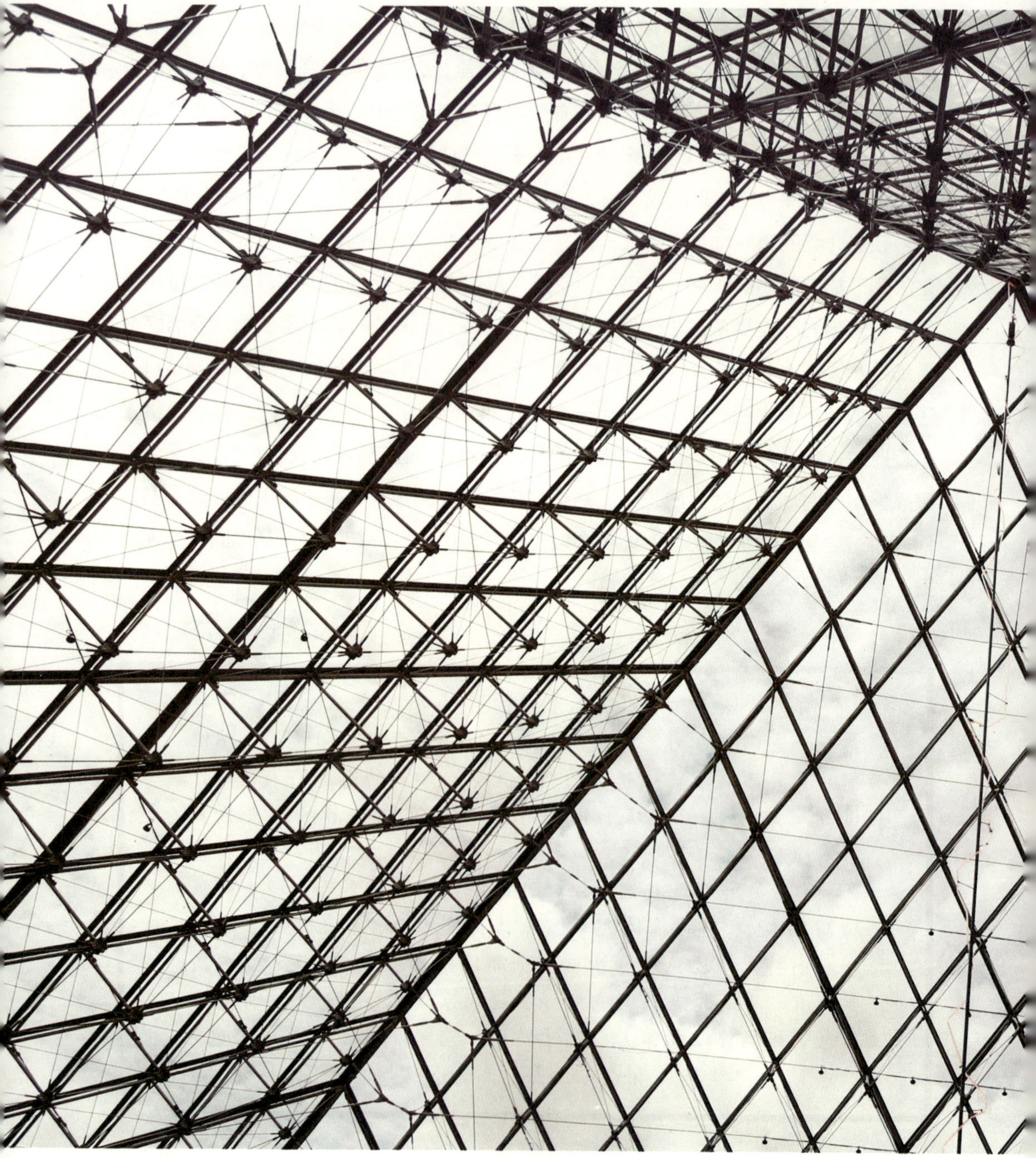

世界的艺术模范丨法兰西"爱美丽"

欧洲绘作的宝库 | 无一城　不艺术

> 修斯：
>
> 你好么？
>
> 估计这两天里的你正沉浸于阅读各种法国文学作品吧？
>
> 现在，我们来换个话题吧，说说法国的绘画。

在路易十四时期之前，法国在绘画领域中的表现并不是很出色。与"意大利文艺复兴三杰"——拉斐尔（Raphael，1483—1520）、达·芬奇（Leonardo da Vinci，1452—1519）和米开朗基罗（Michelangelo，1475—1564）相比较，法国的画家们没拿出什么了不起的作品。不过咱们之前说法国史的时候已经知道，弗朗索瓦一世特别尊重艺术家，还特别喜爱意大利文艺复兴时期的艺术；于是有很多的意大利艺术家纷纷前来法国修养、创作，其中就包括达·芬奇这样的大师。从弗朗索瓦一世到后来的拿破仑，再到第二次世界大战之后的蓬皮杜总统，法国的领导人一向尊重艺术，喜爱艺术，还收集了大量的欧洲绘画作品，因此，很多意大利、西班牙、荷兰的艺术名作都被保存了法国。

卢浮宫是收藏这些作品的最重要的宝殿。人们最熟悉的达·芬奇的《蒙娜丽莎》就是其中之一。"*Mona Lisa*"是这幅画的英语名字，她的法语名字叫作"*La Joconde*"（拉扎孔德）。这幅画早前被保存在枫丹白露宫（还记得枫丹白露宫是谁建造的么），后来在路易十四时期被迁到了卢浮宫。这实际上是一张很小的油画，画在白杨木上，可它却是卢浮宫里唯一被玻璃镜框保护起来的画作，可谓是卢浮宫的镇宫之宝！每年都有上百万人来到蒙娜丽莎的面前欣赏她神秘的微笑。

上 | 《蒙娜丽莎》
下 | 惬意的卢浮宫广场

109
与法兰西的 10 个约定

达·芬奇的另一幅名作《岩间圣母》(Virgin of the Rocks) 也收藏在卢浮宫里。《岩间圣母》本身是一幅很传统的宗教题材画作，达·芬奇实际上创作了两幅相似但有区别的版本：一幅放在巴黎卢浮宫里，另一幅留在伦敦英国国家美术馆中。许多人乐于研究两幅画作之间的区别和差异，并且对画作赋予了更深层的解释，有点儿像"找不同"游戏的升级版。

| 卢浮宫中的《岩间圣母》 | 英国国家美术馆里的《岩间圣母》 |

卢浮宫里悬挂着的《蒙娜丽莎》的对面，就是意大利画家、文艺复兴中期巨匠保罗·委罗内塞（Paul Véronèse，1528—1588）的代表作《迦拿的婚礼》（*Les Noces de Cana*）。这幅画表现的是耶稣在加纳城参加一次婚礼宴会的情景。

《迦拿的婚礼》是卢浮宫中最大的藏画，高6.66米，宽9.9米，占据了展厅的整整一面墙；想想看，那至少有4个修斯那么高哦！这幅画很值得慢慢欣赏，因为画里面有许多有趣的小故事和130多个人物：有坐在角落里的新郎和新娘；有坐在画面中间，把水变成了美酒的耶稣；有同样在画面中间弹琴唱歌的画家本人；另外，还有一位特别著名的意大利画家提香（Titian），也是画中模特。

《迦拿的婚礼》

除此之外，卢浮宫还收藏了很多意大利名画，画作的题材基本都关于宗教、历史和神话，那个时候的画家普遍还没有开始关注普通人和大自然。卢浮宫收藏的大部分画作都集中在大画廊（Grande Galerie）——位于德农馆（Denon）的二层。

路易十四当上法国的君主之后，由于他对于艺术的鼓励，法国本土也涌现出很多出色的画家，于是法国逐渐成为欧洲绘画艺术的领军国家。卢浮宫的德农馆里也收藏了大量17—19世纪的法国油画，要是去卢浮宫参观，一定不能错过。

法国画家雅克-路易·大卫（Jacques-Louis David，1748—1825）的作品是卢浮宫乃至法国的珍宝，其中的一部分甚至还称得上是世界美术史中的经典，如《荷拉斯兄弟之誓》（*Le Serment des Horaces*）。画里的故事取材于历史，讲述的是在罗马与阿尔巴隆加的战争中，罗马的三兄弟向父亲立下誓言以表杀敌决心，而他们姊妹的丈夫却因为是阿尔巴隆加人，因此注定也要被消灭。这幅作品创作于法国大革命之前，画家宣扬的是"城邦的利益高于个人和家族的利益，荣誉和自我牺牲是义不容辞的公民品质"，这充分体现了新古典主义的理性。

雅克-路易·大卫还是拿破仑的忠实追随者，著名的拿破仑骑马像也出自他手。姑姑小时候就很喜欢这幅画作，觉得超级帅，还买过根据这画生产的拼图呢。

不过，雅克-路易·大卫创作的另外一幅关于拿破仑的画作更加有名——《拿破仑一世加冕大典》（*Le Sacre de Napoléon*），这幅画描绘了在巴黎圣母院隆重举行的拿破仑称帝的加冕仪式。在真实的历史中，拿破仑拒绝跪在教皇前让教皇为自己加冕，而自己带上了皇冠，这个举动在许多人心中是特别不尊重教会的举动。于是，为了避免这段尴尬的史实，雅克-路易·大卫选择描绘拿破仑给皇后加冕的场面。画中有100多位人物，每个人物都呈现出不同的服饰、姿态和表情；而且，他们每个人都是真实的人物，连画家本人也出现在画面之中。《拿破仑一世加冕大典》实际上也有两幅，除了在卢浮宫里收藏的这幅，另一幅收藏在凡尔赛宫中，这两幅画也只存在一丁点儿的不同——众人中有一位女士衣服的颜色不同，那就要等着小修斯你自己发现喽！

上 ｜ 拿破仑骑马像
下 ｜《荷拉斯兄弟之誓》

《大宫女》

雅克-路易·大卫有很多学生，其中，让·奥古斯特·多米尼克·安格尔（Jean Auguste Dominique Ingres，1780—1867）是新古典主义后期的一位重要领军人物。安格尔的《大宫女》（la Grande Odalisque）是人们在参观卢浮宫时一定会重点留意的画作。这幅画的神奇之处在于画中宫女的脊柱被刻意地拉长，多画了几块脊椎骨，所以呈现出的女子的骨盆及下背部也被加长了，胳膊和腿的摆放也超出了正常比例。换句话说，画面中的宫女一点儿都不符合正常人类的形象，但神奇的是，整幅作品看起来却非常温柔、美丽。

欧仁·德拉克罗瓦（Eugène Delacroix，1798—1863）是同一时期的著名法国画家，他是浪漫主义画派的代表，最著名的画作我们曾经提过，那就是与法国国家象征有关的《自由引导人民》（La Liberté guidant le peuple）。德拉克罗瓦是法国人民的骄傲，他的大部分作品都被保存在卢浮宫里。他画作的特色是不强调精确细致，而倾向于使用更为自由、奔放的笔触和明丽的色彩。但是，新古典主义画派的安格尔特别不喜欢这样的处理方式，为此，安格尔和德拉克罗瓦进行过很多次的争论。如果你喜欢德拉克罗瓦的绘画风格，觉得在卢浮宫里看不够的话，不用担心，巴黎市有一个专门收藏欧仁·德拉克罗瓦作品的美术馆。

卢浮宫中另一幅浪漫主义的代表性画作是《美杜莎之筏》(*The Raft of the Medusa*)。这幅画描绘了法国海军的"美杜莎号"沉没之后,生还者在木筏上的求生场面。画作取材于真实的历史事件。画家是当年只有27岁的杰利柯·西奥多(Théodore Géricault,1791—1824)。《美杜莎之筏》被安排《自由引导人民》的左侧进行展示。

浪漫主义画家追求的自由奔放大大影响了后来的印象派的发展。印象主义画派是19世纪的重要艺术流派之一,兴起于19世纪的六七十年代,得名于1874年此画派画家的第一次联展。19世纪的最后30年里,印象画派已经成为法国艺术的主流,并影响了整个欧美画坛。巴黎的奥赛博物馆和橘园美术馆均收藏了数量可观的印象派画作。

《美杜莎之筏》

橘园美术馆（Musée de l'Orangerie）位于巴黎协和广场的旁边，场馆很小，但很值得前去参观，因为印象派大师克劳德·莫奈（Claude Monet，1840—1926）的大部分作品都收藏在这儿。橘园美术馆里有两个椭圆形展馆，是专门为莫奈的 8 幅巨型"睡莲"所建造。

上 《圣阿德雷斯的露台》
下 橘园美术馆内的展厅安静、优雅

奥赛博物馆（Musée d'Orsay）则位于塞纳河的左岸，和卢浮宫隔河相望。这个位置从前是奥尔良到巴黎铁路的终点——奥赛火车站，1986年时被改建成了博物馆，19世纪的很多艺术品都收藏在馆内。不出意料地，梵高（Vincent Willem van Gogh,1853—1890）的《罗纳河上的星夜》《阿尔勒的小房间》《奥维尔教堂》和他的《自画像》（耳朵齐全的那张）都收藏在奥赛博物馆中。另外，如果你是个梵高的炽热"粉丝"，还可以去法国南部的阿尔勒（Arles）或者距离巴黎不太远的奥威尔小镇（auver sur oise）转一转，这两处是梵高在法国生活过的地方，他画中曾经出现过的建筑和景色大都出自这两地。另外，奥赛博物馆里面还收藏着爱德华·马奈（Edouard Manet）、雷诺阿（Pierre-Auguste Renoir）、塞尚（Paul Cézanne）、埃德加·德加（Edgar Degas）和毕加索（Pablo Picasso）的作品，去那里参观绝对会让你收获颇丰。

奥赛博物馆内外

橘园美术馆内展品

梵高作品

119
与法兰西的 10 个约定

最后，我们不能漏说了巴黎的蓬皮杜艺术中心（Centre National d'art et de Culture Georges Pompidou），那儿主要收藏近现代画作。蓬皮杜艺术中心的建筑本身就特别现代化，远远看去简直像一座巨大的炼油厂。毕加索的大部分作品陈列在蓬皮杜艺术中心里。不过，巴黎市中心还有一座专门的毕加索博物馆，里面收藏着毕加索亲笔书写的原稿，以及编有他的插图的书籍；毕加索博物馆内还展出一部分毕加索大师生平所收藏的画作，画作的作者包括：帕尔哥（Braque）、卢梭、米罗（Miro）及雷诺阿等人。

蓬皮杜艺术中心

当然，不止巴黎，几乎每座法国的城市都有非常出色的美术馆，比如：尼斯有马克·夏尔加博物馆（Musée National Marc Chagall）和野兽派代表人物马蒂斯（Henri Matisse，1869—1954）的主题美术馆（Musee Matisse），法国北部的朗斯（Lens）设有卢浮宫的分馆。假如想要认真仔细地欣赏和研究这些名画，估计最少得在法国待上整整一年呢。

> 姑姑知道你现在并没有那么多的时间，所以我在卢浮宫和橘园美术馆里分别替你选购了一本画册，你可以捧着它们慢慢地、细细地研究。
>
> 等你研究透了这些大画家们，特别是你喜爱的印象派画家，咱们就执行与法兰西的第五个约定吧——走一趟印象派画家足迹之旅。看看莫奈诺曼底的家，去梵高曾经住过的城市和他去世的地方找到他画中的原景。
>
> 　　　　　特别喜欢坐在橘园美术馆里发呆的姑姑

孕育世界级雕刻大师丨"花都"亦是"雕塑之都"

> 修斯：
>
> 据说，你的同学在跟你讨论卢浮宫时，告诉你卢浮宫里有"镇馆三宝"，其中之一就是《蒙娜丽莎》。没错儿！不过，剩下的两个宝贝不是画作，而是雕像——"断臂维纳斯"和"胜利女神"。

"断臂维纳斯"的作品名其实叫作"米罗的维纳斯"（Venus de Milo）——这座雕塑从意大利的米罗岛发掘出来。卢浮宫里其实存放着很多不同的维纳斯雕塑，如果有兴趣，你可以把它们都找出来，仔细对比一下，就能体会出断臂维纳斯的独特之美。

卢浮宫里还有一尊"无头胜利女神"——"萨莫色雷斯的胜利女神"（the winged victory of Samothrace）。这尊雕塑和"米罗的维纳斯"一样，都很巨大，但雕刻的工艺非常细腻，甚至每处衣服的折痕都栩栩如生，绝对不容错过。

小修斯，我要再告诉你件有意思的事儿：胜利女神的名字叫作"Nike"，对，就是你熟悉的"Nike鞋"的"Nike"，鞋子的设计师当初在设计鞋的时候，想到的就是"胜利女神"。胜利女神张开的双翅就如同一个巨大的"V"字，象征着胜利；还和鞋上的"对勾"很相似，不是吗？

修斯的秘密笔记

右上 | 《米罗的维纳斯》
右下 | 《萨莫色雷斯的胜利女神》
左下 | 卢浮宫广场正面

123

与法兰西的 10 个约定

《沉睡的海尔玛弗狄忒》

卢浮宫里还保存着很多其他的著名雕塑，其中有许多算得上是古希腊或古罗马的传世之宝，就比如著名的《沉睡的海尔玛弗狄忒》（*Hermaphrodite endormi*）。这尊雕塑刻画的人物是雌雄同体，用大理石雕刻的床垫更是让人叹为观止——冰冷的大理石在意大利雕塑家贝尔尼尼（Gianlorenzo Bernini，1598—1680）温柔的双手下竟然能够呈现出如此柔软温暖的质感。

不过，如果卢浮宫里只有以上说的那些收藏品，你大概就会觉得"法国人净从别的国家收集宝贝"吧？其实不然，法国艺术家创作的雕塑也非常厉害——你甚至不用进入卢浮宫内，只是站在卢浮宫广场上，仔细观赏身边精雕细刻的浮雕和神像，就能体会到法国雕塑家的伟大了。在卢浮宫里有个"马利中庭"——那是一个小院子，里面摆放着有不少路易十四、路易十五时期订制的雕塑，其中的《马利骏马》（*Les chevaux de Marly*）尤其出色：雕塑中驯马人和马匹的血管都清晰可见。卢浮宫广场上的"路易十四骑马雕像"我也很喜欢，看上去充满了意气风发的感觉。

凯旋门上的四组大型浮雕也很壮观，他们分别是：《出》《胜利》《和平》和《抵抗》。浮雕的上方有一位吹号角的女神，下方有另一位神正在为拿破仑戴上桂冠的就是《胜利》。由于历史原因，刻画着拿破仑形象的浮雕在法国已经不多见了，因此，凯旋门上的拿破仑是绝对不容错过的。

上 ▎路易十四骑马像

下 ▎凯旋门上的浮雕

125

与法兰西的 10 个约定

位于卢浮宫和凯旋门连线中央的协和广场上也有很多美轮美奂的雕塑。首先，在广场的中央有两座巨大的喷泉，它们是由雅克·伊格内斯·赫托福夫（Jacques Ignace Hittorff，1792—1867）设计的。广场南边的喷泉是"海神喷泉"，为了纪念法国海事工商业；广场北边的喷泉是"河神喷泉"，为了纪念法国河流的航运业务。两座喷泉的设计与形式较为相像，都由上下两组雕塑组成。不过，"海神喷泉"代表着法国的海上精神，喷泉上层的人形雕塑是与海洋相关的珍珠仙子、贝壳仙子和珊瑚仙子，主神是男性的大西洋海神；"河神喷泉"上的雕塑代表着罗讷河和莱茵河人们，蕴含着河流航运、农业和工业欣欣向荣的精神。从这两座喷泉上，我们就可以体会出当时法国的航海及江河航运技术是多么高超。

除此之外，协和广场上还有八座女神雕像，她们分别代表着19世纪时法国规模最大的八座城市：西北的鲁昂、布雷斯特，东北的里尔、斯特拉斯堡，西南的波尔多、南特，东南的马赛、里昂。每座女神像都有很多代表着不同城市的细节或特点。

卢森堡公园中的自由女神像

还记得我们之前提过的奥赛博物馆吗？馆内收藏着一座"自由女神"，和美国的"自由女神像"是一模一样的，只是体积上小一点儿。奥赛博物馆中的自由女神和美国纽约那著名的自由女神像的创作者是同一个人——巴托尔迪（Frédéric Auguste Bartholdi，1834—1904）。因此，我想你已经猜到了——是的，美国的自由女神像是法国人民赠送的。其实，塞纳河上也有一尊自由女神像，卢森堡公园里也有一尊自由女神；自由女神在法国简直遍地都是，因此，反而不像美国的那尊一样享有盛名了。

法国有如此之多的雕刻艺术家，他们中最著名的是奥古斯特·罗丹（Auguste Rodin，1840—1917）。他的大部分作品都被收藏在了奥赛博物馆。《地狱之门》（La Porte de l'Enfer）是"经典中的经典"，这座雕塑的构思灵感来自但丁的作品《神曲》，呈现给大众的是一大群痛苦挣扎的人体。整座雕塑共展现出186个形体，每一个形体都分别代表《神曲》中的一个人物形象，从而表现出人的情欲、恐惧、痛苦、理想、希望、幻灭、死亡等感情。罗丹对这座作品倾注了大量的精力和心血，前后雕刻了37年，直到他去世时还未最终完成。

《地狱之门》上部的正中间是一个沉思的人物坐像，那就是著名的《思想者》（Le Penseur）；罗丹后来又单独塑造了这个形象，那尊雕塑如今存放在巴黎的罗丹美术馆里。在巴黎地铁13号线"Varenne"站的站台里还树立这一个仿制的"思想者雕塑"，提示人们罗丹美术馆就在这站地铁站的附近。

除《思想者》之外，《地狱之门》中还有两组雕塑很是受到罗丹个人的喜爱，也被他再次单独制作成雕塑——一件是《三个幽灵》（Les Trois Ombres），这三个幽灵的形象处于《地狱之门》的最上方；另一件则是《吻》（Le Baiser）。单独雕刻的作品和地狱之门上的原型有所不同。

罗丹更为著名的作品是1884年应加来市委托而制作的铜像《加来义民》（Les Bourgeois de Calais）。聪明的修斯，相信你一定还记得加来义民的故事，咱们介绍英法百年战争时曾说过。不过，起初加来市只要求罗丹制作"六义民"中的一个；但罗丹在了解历史后，表示愿意只收取一个雕像的报酬来塑造六个雕像。雕塑中的六位义民的年龄和神情各不相同：其中最年长、最有声望的是"欧斯达治"，他的神情刚毅，没有丝毫的迟疑和恐惧，体现出了他内心强烈的悲愤和牺牲的决心；而另一位年轻的义民，既展现出了爱国的热情，又透露出一丝对生死离别的害怕和悲伤。《加来义民》中六个人物的造型各自独立又相互联系着，因此，整座雕塑超越了传统的英雄形象雕像，表达出更加深刻而复杂的情感。

罗丹还创作过雨果和巴尔扎克的雕塑，其中，巴尔扎克像是罗丹心中自己最好的雕塑作品，他曾说："《巴尔扎克像》（Monument à Balzac）是我一生的顶峰，是我全部生命奋斗的成果，我的美学理想的集中体现。"

罗丹塑造的巴尔扎克展现的是这位大文豪在夜间漫步时的形象。据说这位作家习惯于在夜间穿着睡衣工作，于是罗丹就让"他"披着睡衣，在星空下沉思，呈现出被宽大的睡衣包裹住的屹立巨人。在制作的漫长过程中，罗丹光是为了深入了解巴尔扎克的相貌、生平，就花费了好几年的时间，他甚至找到了巴尔扎克的裁缝师来了解这位作家的身材。

据说，在最初的雕塑作品小稿中，罗丹为"巴尔扎克"雕刻了一双特别好看的手，深受人们赞美；但是罗丹却举起锤子，砸掉了那双手，因为他不愿意让这双手过分突出而使人忽略了雕塑最主要的部分。于是，"失去双手"的巴尔扎克像的面部精神得到了突显，整座雕塑展现出一位"在月光下独自整夜行走、不断思考的伟大作家"。罗丹注重的是巴尔扎克的精神气质，而不是形似的细节。

但是，这座巴尔扎克像刚被制作出来的时候，很多人不认可它，说它是个"奇怪"的雕像。当时，这尊雕像在社会上，尤其是美术界引起了巨大的争论，罗丹对此深觉痛苦。最后，在罗丹去世了22年后，《巴尔扎克像》才终于矗立在巴黎市中，位于现在的卢森堡花园和蒙帕纳斯大厦附近。

你瞧，我喜爱卢浮宫门口的路易十四雕塑，觉得凯旋门的浮雕百看也不厌，巴黎圣母院门口的查理大帝青铜像充满了沧桑，塞纳河上的自由女神像则有种莫名的孤独感。修斯你喜欢什么样的雕塑呢？我想听听你对这些一动不动的大块头的看法。我们再来做个约定吧——各自选出自己心目中最喜欢的10座法国雕塑——咱俩的观点会是相近，或者是迥然不同呢？

▍巴尔扎克像仿品

　　有时候，艺术就是这样——有些人喜爱，有些人反对，有时完整，有时残缺，美或不美并没有一定的标准。要接受不同的观点，倾听不同的声音。我是这么认为的。修斯，你觉得呢？

　　　　　　　　　站在巴尔扎克像前看星空思考的姑姑

巡游法国艺术地丨美术馆、博物馆列表

卢浮宫——Louvre（巴黎）

卢浮宫是世界上最大的博物馆，是一所真正的艺术圣殿，其中保存了大量来自世界各地的艺术珍宝。

凡尔赛宫——Château de Versailles（巴黎市郊/凡尔赛）

凡尔赛宫的建筑和家具在世界上的地位很高，其中的展厅也展出众多战争主题的绘画作品，如《拿破仑翻越阿尔卑斯山》《普瓦蒂埃大捷》《里沃利战役》《亨利四世进入巴黎》，等等。

枫丹白露宫——Château de Fontainebleau（巴黎市郊/枫丹白露）

内设中国馆，由拿破仑三世时的欧也妮皇后（Eugénie de Montijo）主持建造，馆内陈列着中国明清时期的古画、金玉首饰、牙雕、玉雕、景泰蓝、佛塔等上千件艺术珍品。这些藏品大多来自圆明园，为法军统帅蒙托邦（Charles Guillaume Marie Appollinaire Antoine Cousin Montauban, comte de Palikao）献给拿破仑三世帝后的战利品。

奥赛博物馆——Musée d'Orsay（巴黎）

一座近代艺术博物馆，主要收藏1848—1914年间的绘画、雕塑、家具和摄影作品。

玛摩丹美术馆——Musée Marmottan Monet（巴黎）

美术馆里收藏了将近 300 件印象派和后印象派作品，还收藏着一些拿破仑时代的艺术品、家具，以及意大利和佛兰芒地区的绘画，等等。

南特美术馆——Musée des Beaux-Arts de Nantes（南特）

创办于 1801 年，美术馆中收藏了自 13 世纪起至现代的美术品。

南锡美术博物馆——Musée des Beaux-Arts de Nancy（南锡）

法国最古老的博物馆之一，建立于 1793 年，其中收藏着鲁本斯（Peter Paul Rubens，1577—1640）、德拉克罗瓦、马奈、莫奈、毕加索等著名画家的作品。

图尔美术馆——Musée des beaux-arts de Tours（图尔）

美术馆本身就是法国的历史遗迹，同时拥有丰富多样的馆藏，包括不少意大利文艺复兴中早期画家的作品，以及各种精美绝伦的雕塑；院中有一株高大的黎巴嫩雪松和一头制作于 1902 年的大象标本。

奥尔良美术馆——Musée des beaux-arts d'Orléans（奥尔良）

一座非常古老的美术馆，开幕于 1797 年，馆中收藏了众多 15—20 世纪的美术作品，在全法国所有的美术馆中，拥有的法国画家粉彩画作品数量居第二位，仅次于卢浮宫。

东京宫 - 巴黎现代艺术博物馆——Palais de Tokyo-Musée d'Art Moderne de la Ville de Paris（巴黎）

巴黎现代艺术博物馆位于东京宫内，身处巴黎 16 区，馆中收藏着许多现代艺术作品；这里曾经发生过世界著名的盗窃事件，包括巴勃罗·毕加索的《鸽子与豌豆》、亨利·马蒂斯的《田园》在内的 5 幅名画失窃，总价值达 5 亿欧元。

橘园美术馆——Musée de l'Orangerie（巴黎）

馆中展示印象派和后印象派画家的画作，特色是众多的莫奈大型作品，位于法国巴黎协和广场，塞纳河旁，曾被评为"巴黎最值得参观的地方"之一。

罗丹美术馆——Musée Rodin（巴黎）

1919 年在巴黎开幕，馆中重点展示著名雕刻家奥古斯特·罗丹的作品。

毕加索博物馆——Musée Picasso（巴黎）

除毕加索的作品外，还可以观赏由毕加索收藏的其他著名艺术家的作品。

卢浮宫朗斯分馆 Louvre—Lens（朗斯）

此分馆的建筑由日本设计师所设计，风格现代，不定期展出卢浮宫主馆的众多展品，馆内含一座优质图书馆。

里昂美术馆——Musée des beaux-arts de Lyon（里昂）

里昂的市立美术馆，位于沃土广场南侧 17—18 世纪的原本笃会修道院建筑内，藏品年份跨度大，从古埃及文物到现代艺术，是欧洲最重要的美术馆之一。

里尔美术宫——Palais des Beaux-Arts de Lille（里尔）

是法国最早成立的、规模最大的博物馆之一，开幕于 1809 年，占地 22000 平方米，展品总规模仅次于卢浮宫，位居法国第二，收藏有拉斐尔等众多顶级艺术家的作品。

马赛美术馆——Musée des beaux-arts de Marseille（马赛）

始于 1801 年，主要收藏 16—19 世纪的绘画和雕塑作品；与巴黎的美术馆相比，馆内收藏有较多普罗旺斯当地美术家的作品，以及众多意大利、西班牙、佛兰芒和荷兰美术家的作品。

鲁昂美术馆——Musée des Beaux-Arts de Rouen（鲁昂）

在全法国的美术馆中，印象派藏品数量居第二。

蓬皮杜中心 - 国立现代艺术博物馆——Centre Georges-Pompidou Musée National d'Art Moderne（巴黎）

位于巴黎的蓬皮杜中心内，以现代艺术为主，现代艺术展品规模位居世界第二，仅次于纽约现代艺术博物馆。

马蒂斯美术馆——Musée Matisse（尼斯）

马蒂斯晚年归隐于尼斯，因此他后期的作品中有很大一部分都与尼斯有关，馆中收藏和展出大量的马蒂斯作品，包括油画、素描、版画，等等；马蒂斯的著名作品《蓝色的裸体五号》（*Nu bleu IV*）便收藏于馆中。

国立马克·夏加尔博物馆——Musée Marc Chagall（尼斯）

法国三大国立博物馆之一，美术馆本身也由夏加尔所设计，从艺术品的布置到马赛克砖的铺设都属于这位伟大艺术家的创作，馆中珍藏并展出夏加尔最重要的 17 幅巨幅的"圣经启示画"。

巴黎经典建筑｜宫殿与教堂

> 修斯：
> 　　我有好几天没给你写邮件了——这些天来，姑姑我一直在法国的各处溜达，拍照片。法国的建筑真是太美了，让人流连忘返！
> 　　巴黎有卢浮宫、巴黎圣母院、圣心教堂、巴黎歌剧院……每一座建筑都让我猛按快门，简直停不下来。

　　卢浮宫是一座伟大的博物馆，由于它丰富的馆藏，人们在参观时往往就忽略了它本身的建筑之美。实际上，自1546年开始，经历了9位君主的不断扩建，卢浮宫这组历时300多年的宫殿建筑群充分体现了法国古典建筑之美；卢浮宫建筑元素中唯一"不太法式"的是——宫殿没有采用法国传统的高坡屋顶，而使用了意大利式的平屋顶。

　　卢浮宫前的"玻璃金字塔"是一个重要看点。1980年，当时的法国总统密特朗邀请美籍华人建筑大师贝聿铭（Ieoh Ming Pei）为卢浮宫设计了新入口，经过深思熟虑，贝聿铭先生在卢浮宫的主入口处设计了一个"透明的玻璃金字塔"。贝聿铭先生希望通过对卢浮宫入口的改造，充分开发卢浮宫的地下空间，从而整合卢浮宫的各种行政服务部门，达到服务空间更宽敞，游客参观的动线更加合理的诉求。所以，这样的"金字塔"不仅仅起到了装饰作用，也让原本充斥着卢浮宫广场的各种棚子、摊子消失了，更进一步使卢浮宫广场的各项功能达到充分发挥。卢浮宫入口处的"金字塔"如今已经成为卢浮宫的重要标志，从清晨到夜晚，不论是在朝阳或灯光的照射下，这"现代的金字塔"和古典的卢浮宫都呈现出不同的光彩，值得多次取景、摄影。

关于卢浮宫，还有个可爱的小秘密，在参观建筑的时候值得特别注意——在卢浮宫广场和黎塞留馆的地面上你一定能找到几块写着"ARAGO"的小圆铜牌，那就是传说中的"玫瑰经线"，也就是"巴黎子午线"。法国天文学家弗朗索瓦·阿拉戈（François Arago，1786—1853）在 19 世纪的初期，对巴黎子午线进行了精确的测算。为了纪念阿拉戈对子午线和地球测量的研究贡献，巴黎市政府于 1994 年沿着巴黎子午线，在巴黎北部和南部之间的地面上，大约设置了 130 个铜质纪念章，纪念章上的"N"和"S"标志着南北。所以，当你站在卢浮宫里的这些"ARAGO"小铜牌上的时候，就站在了"巴黎零度经线"上。小说《达·芬奇密码》里说的"玫瑰线"（Roseline）指的就是这条线！只要你留意，还能在巴黎的很多其他景点里找到"ARAGO"铜牌。

小修斯，参观卢浮宫内部的时候千万别忘了抬头看看每个展厅的天花板，所有顶部的角线都是精雕细琢的，雕刻出的"橄榄枝""小天使"等细节都蕴含着深刻的意义。卢浮宫内的房间里和走廊上装饰着很多古典油画——从神话传说到宗教故事题材，每一幅都精致无比。

巴黎周边还有两组皇家建筑群——凡尔赛宫和枫丹白露宫——也特别值得细细游览。1660 年，路易十四见到当时的财政大臣富凯给自己修建的沃子爵府邸（Château de Vaux-le-Vicomte）非常嫉妒，于是，他在把富凯打入了巴士底狱后，开始为自己修建凡尔赛宫。在当时，凡尔赛宫是欧洲最大、最雄伟、最豪华的宫殿建筑。

去凡尔赛宫里参观，必然要体验一下镜厅（Galerie des Glaces）的精美辉煌。镜厅是凡尔赛宫最为出名的一部分，长长的大厅里有 17 扇面向花园的玻璃窗，在窗子对面的墙上相应有 17 个贴满镜子的装饰拱；兴建凡尔赛时是 17 世纪，镜子在当时是体现财富与工艺的最高象征之一。这里曾是举办各种舞会、音乐会的场所，年仅 7 岁的莫扎特就因在这个大厅中的演出而一举成名。直至如今，镜厅仍然经常举办音乐会，中国钢琴家郎朗曾在镜厅中演奏。

左、右上 | 镜厅的长廊和天花板
下 | 枫丹白露花园

除了凡尔赛宫的宫殿，你也不能错过它美丽的花园，这个面积 8000 平方米的巨大欧洲皇家园林充分体现了对称美。曾风靡一时的涂色书《秘密花园》里就设置了许多凡尔赛宫的场景供读者们涂色。小修斯，如果你喜欢涂色书中的场景，就一定要亲自到现场，好好体验一番那迷宫一般的大花园。

相比之下，白色的枫丹白露宫展现出一种清幽肃静的美感。这座宫殿以前是个简单的行宫，供皇室成员在狩猎时使用。弗朗索瓦一世即位后，请意大利的建筑设计师罗索·菲伦蒂诺（Rosso Fiorentino，1494—1540）将之改造了一番。这次改造后，枫丹白露宫变得富有意大利的建筑韵味，设计师将文艺复兴时期的风格和法国传统艺术完美和谐地融合在一起，这种新风格就此被称为"枫丹白露派"。我要再告诉你一个小秘密：在 1945—1965 年期间，北大西洋公约组织军事总部设于此，直至今天，枫丹白露宫的墙外上还留存有"NATO"标记。但具体位于何处，就作为你到枫丹白露宫游览时的"寻宝游戏"吧！

枫丹白露主建筑

　　说完巴黎的宫殿，咱们再来讲讲教堂。在法国乃至整个欧洲地区旅游时，教堂是最不容错过的美丽建筑，它们展示着欧洲历史、文化、艺术风格的变迁。在法国，教堂风格主要是罗马式和哥特式。罗马式的教堂一般常见于乡村，简朴而小巧，大部分建造于非常古老的年代，主要为那些云游传教的修士们挡风避雨，它们的外形就像封建领主的城堡，以坚固、沉重、牢不可破而著称，墙身高大，窗孔狭小，装饰很少。如果你在法国乡间游览时看到一座敦厚的棕色教堂，通常就是罗马式的。

　　相较之下，哥特式的教堂就显得很是辉煌，有特色的高耸尖塔，布满雕花的拱门和大窗户，以及色彩斑斓的玻璃花窗。在哥特式教堂的内部，你还会看到一根根像肋骨一样的结构汇集在屋顶，使整个建筑显得高大而轻盈。

　　巴黎圣母院是哥特式教堂的代表作。巴黎圣母院的美丽人人皆知，但要真正体会它的建筑之美则需要从各个角度仔细观赏。从塞纳河左岸远眺，在塞纳河的游船上看树丛植被中的整体建筑，在圣母院脚下仰视高塔，会得到完全不一样的感受。

圣母院背面的飞檐、正面门楣上的圣人雕像、侧面的怪兽、镶满提花的大门，都是精致而繁复的，充满了各种令人迷恋的细节。

除巴黎圣母院外，法国还有很多经典的哥特式教堂。北部亚眠的圣母院大教堂、卢瓦尔河谷的勒芒老城中的圣朱利安大教堂、东部的第戎圣母院、斯特拉斯堡的圣母大教堂，都是哥特式教堂的杰作。

法国还有一些造型别具一格的教堂，例如巴黎的地标、蒙马特高地上圆顶的圣心教堂（Basilique du Sacré-Cœur）。圣心教堂是一座兼具罗马风格和拜占庭风格的建筑。它的建造时间较晚，在19世纪末才开始兴建，正值法国大革命以后。因此，圣心教堂的设计中包含着"国家主义"元素，比如：教堂门口装饰着圣女贞德的雕像。建造圣心堂的材料是从枫丹白露附近开采出的"石灰华岩"，这种岩石会不断地渗出方解石，使得圣心教堂即使在风化与污染的影响下依然可以长久地保持白色的外观。另外，圣心教堂圆顶上的耶稣像也很是壮观。

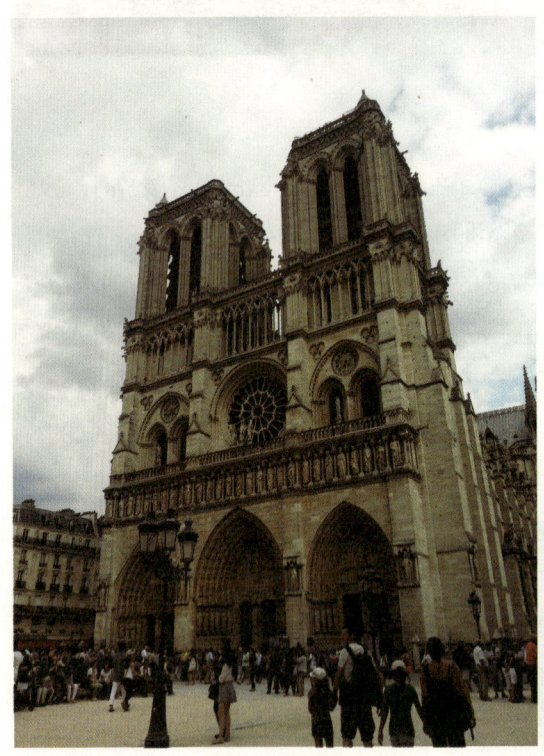

巴黎圣母院

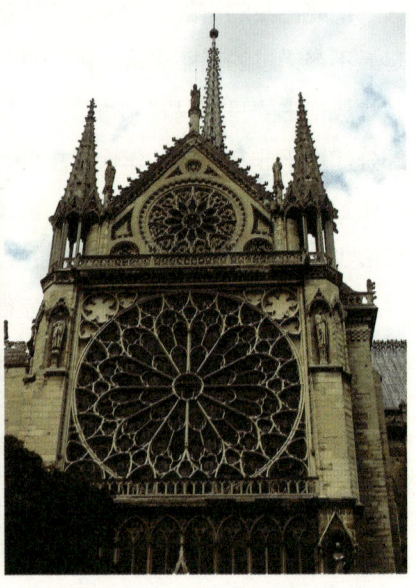

圣心教堂旁边的蒙马特圣伯多禄堂（Saint Pierre de Montmartre）则是一座典型的罗马式教堂——古朴而敦厚。这座教堂的建筑并不特殊，但是在宗教史上的地位却非常重要——据载，它是巴黎最古老的教堂，始建于公元 3 世纪，由基督教圣人圣德尼（Saint Denis）创建，"蒙马特"这个地名也源于那个时代。蒙马特高地如今是游客聚集的地方，教堂附近的"画家村"更是人声鼎沸，但只要一进入这所小教堂，立刻就能体验到另一片天地；朝东能看到彩色的玻璃窗，周围还立着纯白圣洁的圣人像，更加显得安静和庄严。

| 蒙马特圣伯多禄堂

> 亲爱的修斯小朋友，在以上的篇幅中，我们讨论了巴黎的经典宫殿和教堂，不知道你是否对这些建筑感兴趣。
> 在接下来的周末中，我的计划是前往巴黎歌剧院看演出，为此，我早已预定好了演出的门票。等我观看完精彩的演出，就回来为你继续介绍其他的巴黎特色建筑。
> 　　　　　　坐在圣伯多禄堂前看蓝天白云的姑姑

巴黎地标丨城市规划功不可没

> 在这次的信件中,姑姑我想先说说刚去过的巴黎歌剧院(Opéra de Paris)。
>
> 巴黎歌剧院是我最喜欢的法国建筑。它的设计师是法国著名建筑师查尔斯·加尼叶(Charles Garnier,1825—1898)。因此,这座歌剧院也叫作加尼叶歌剧院(Opéra Garnier),它被认为是"新巴洛克式建筑"的典范之一。

巴黎歌剧院由拿破仑三世下令修建,它是巴黎的第13座歌剧厅。当时,有171件参选的建设方案,而最后,当时年仅35岁的查尔斯·加尼叶的作品脱颖而出。巴黎歌剧院的建造用时共15年,从1860年开始,直到1875年才竣工。歌剧院的外墙主要使用了大理石和金子,因此气势雄伟,从早到晚都能够在光线的照耀下闪烁出迷人的光彩。我每次经过这座建筑,都忍不住驻足观看,我决不相信有谁会不为之所动!剧院顶部的金色雕塑和周边雕刻着女神形态的路灯交相呼应,看起来高贵典雅;国际大品牌的产品要拍摄广告时,往往选择巴黎歌剧院作为拍摄地。

歌剧院的内部也非常漂亮,一进入大门,你就能看见一座巨大的楼梯通往不同的方向和楼层,门廊和通道里则布置着丰富多彩的绘画和雕塑,天花板上还描绘着许多寓言故事。加叶尼还将大走廊设计成类似古典城堡的走廊,镜子与玻璃交错辉映。这和凡尔赛的镜厅有异曲同工之妙。歌剧院内演出大厅的屋顶铺设着画家马克·夏加尔(Marc Chagall,1887—1985)的作品。夏加尔生于俄国,生活在法国,他的画作带有些儿童画的风格,色彩十分丰富,虽然宗教题材居多,却始终能呈现出童话感。夏加尔的作品还经常被形容称为"超现实派",在法国的影响重大。因此,去参观巴黎歌剧院是个"超值"的选择——既可以观赏到建筑大师的杰出设计,又可以欣赏到大画家的代表作品。

巴黎歌剧院内部

说到加尼叶歌剧院,就不得不再次提起巴黎的城市改造。我们曾经说过,1850—1870年,在拿破仑三世和乔治—欧仁·奥斯曼男爵共同推动下,巴黎进行了大规模的改造,包括:拆除拥挤、脏乱的中世纪街区,重新修建宽敞的街道、林荫路,建设大型公园、广场,建造崭新的宽敞住宅,打造全新的下水道系统。就是这场改造彻底改变了巴黎的城市格局,让巴黎成为今天的样子。奥斯曼男爵当年突破改造中遇到的重重阻碍,强调他希望自己所改造的巴黎能维持100年不变。如今的我们发现:奥斯曼男爵当年的愿景实现了!1850年设计的巴黎道路直至今日依然畅通八达,这座城市仍然美丽夺目,是公认的世界经典。

在拿破仑三世和奥斯曼男爵的统筹规划下，巴黎市建造起许多美丽的建筑，加尼叶歌剧院就是其中之一，巴黎北站、巴黎警察局和巴黎商业法庭也是当时兴建起来的"新建筑"。拿破仑三世和奥斯曼男爵还对巴黎圣母院前的广场进行了拓宽，修复了圣母院的塔尖；巴黎市的规模就是在这次改造中扩大到了现在的 20 个区。不仅如此，改造还开辟出了很多植被茂密的公园，包括改造后出现在巴黎东、南、西、北 4 个方位的"四大公园"——西部是 8.5 平方公里的布洛涅森林，东部是将近 10 平方公里的文森森林，城北有肖蒙山丘公园，城南有蒙苏里公园；原来就处于巴黎市中的蒙索公园与卢森堡公园也被重新设计、改造、扩大。就这样，巴黎市花费了 17 年的时间栽下了近 60 万株树木，让整个巴黎转变成一座绿茵环绕的富氧大都市。

俯瞰卢森堡宫和卢森堡公园

奥斯曼男爵曾经在自己的回忆录中提到：拿破仑三世要求"在巴黎各区争分夺秒搞绿地建设……要为巴黎市民服务"；拿破仑三世还希望不论富贵或是贫穷的家庭，都能够在公园里安心休息。因此，巴黎在这场改造中增加了 15 万平方米绿地，开辟了 24 个新广场，其中的 17 个分布在老市区内。当时的公园和绿化部部长阿尔方称赞这些小花园是"绿幽幽的、鲜花盛开的沙龙"。奥斯曼男爵梦想着巴黎市民们到达任何一个公园的步行时间都不超过 10 分钟，他的这个梦想确确实实地实现了！所以，小修斯，你来巴黎旅行的时候，一定要找个机会在一座座城市花园里步行，尽可能抄小路穿行——除了美丽的花草树木，你还能常常看到漂亮的喷泉和雕塑，更能观察到普通巴黎市民散步玩耍的日常生活。

在这场大改造期间，在巴黎 8 区和 9 区之间兴建起了一条全长 2.53 公里的宽阔大道，由于奥斯曼男爵对城市建设的巨大贡献，这条尤其重要的主干道被命名为"奥斯曼大道"（Boulevard Haussmann）。如今，巴黎的两大百货公司——"老佛爷百货公司"和"春天百货"（Printemps）都在这条大道上。

这两座百货公司的建筑很美，它们都由著名设计师设计、制作了美丽的圆顶，也都有着壮观的玻璃花窗。建造于 1912 年的老佛爷百货拥有玻璃工艺大师雅克·格鲁伯（Jacques Grüber）设计的"新拜占庭风格"的彩绘玻璃窗，它的圆顶则高达 43 米，已经成为公认的老佛爷百货的经典象征。春天百货除了拥有彩色的圆顶，大门外还立着 4 尊雕像，分别代表了四季。修斯，要是有一天你陪着妈妈去这两座百货公司"买买买"，帮妈妈拎包的同时一定要抽空欣赏一下这样美丽的传统建筑。

姑姑顺便再告诉你一个小知识——老佛爷百货的真正名称其实叫作"拉法耶特百货"（Galeries Lafayette）。拉法耶特是一位法国侯爵，也是一位将军，他参与过美国革命和法国革命，还在美国独立战争中担任过前卫部队的司令。因此，在美国和法国的很多城市，你都能看到拉法耶特的画像、雕塑，还有很多以"拉法耶特"（Lafayette）为名的街道。

在巴黎大改造中建起的巴黎北站也是我很喜欢的建筑，要是你想从巴黎去英国的伦敦、比利时的布鲁塞尔、荷兰的阿姆斯特丹，从巴黎北站坐火车出发是个特别好的选择，著名的"欧洲之星"的首发站就在这里。巴黎北站是全欧洲最繁忙的铁路车站，也是巴黎最漂亮的火车站。巴黎北站的正面外墙有一个凯旋门式的大门亭和两个小门亭，都使用白色的砖石建成。门面顶上则立着由当时的13位著名雕塑家雕刻的23座雕像，其中最高大雄伟的那几座雕像代表着巴黎北站可通往的各个国际都市：伦敦、阿姆斯特丹、柏林、布鲁塞尔，以及巴黎本身，而剩下的较为朴实端庄的雕像则代表着法国国内的各地。建造巴黎北站的这位建筑设计师叫作赫托福夫，还记得他吗？协和广场上的海神、河神喷泉就是他设计的。

除了这些上百年的石头建筑之外，巴黎还有两个全身是钢筋的大块头，它们也一样不容错过。

"钢筋大块头"之一当然就是巴黎乃至整个法国的标志——埃菲尔铁塔。铁塔是为了1911年的巴黎世界博览会所建造，从塔座到塔顶共有1711级阶梯，共使用钢铁7000吨、12000个金属部件、250万颗铆钉，全塔高324米，它在建成后的45年内都是世界上最高的建筑。铁塔的4面共刻有72个法国科学家、工程师和其他知名人士的名字，以此来铭记他们为铁塔的搭建所做出的非凡贡献。埃菲尔铁塔之名来源于铁塔的设计师居斯塔夫·埃菲尔（Gustave Eiffel，1832—1923），塔下还展示着他的半身铜像。埃菲尔铁塔的美是独特的——全身钢筋铆钉，却呈现出纤细、温柔的感觉。我们可以从不同的角度欣赏埃菲尔铁塔，不管是从塞纳河畔留影、广场远观、塔下仰视、巴黎楼中眺望，都能体会到埃菲尔铁塔的美丽；到了夜间灯光亮起来时，铁塔更加富有魅力。

第二个"大块头"是由一大堆铁组成的蓬皮杜艺术中心，我们已经数次提到它。它的建筑外形在乍看之下和巴黎的传统建筑格格不入，各种功能性的大管子都赤裸裸地堆在建筑的外部；不过，人们却可以凭这些管子的颜色区别水、电、排气、电梯系统：蓝色的是空调排气系统，黄色的是电力系统，绿色的是水管，红色的则是电梯。在巴黎3区传统的街道中，红、绿、蓝、白相间的蓬皮杜艺术中心看起来生气勃勃，充满了后现代感，是个拍照、取景的好地方。另外，蓬皮杜艺术中心周边常常聚集着许多现代艺术家，他们往往在广场上表演，让人感到怪异而有趣。

从蓬皮杜艺术中心看周边环境

> 关于巴黎的各种建筑,今天先暂且说到这儿。改天,姑姑想跟你好好说说法国北方的红砖墙和南方的古城堡。
>
> 　　　　　特别喜欢躺在蓬皮杜艺术中心门前广场
> 　　　　　　　和法国学生一起晒太阳的姑姑

145

与法兰西的 10 个约定

地区性建筑 | 追寻梦幻城堡

> 可爱的修斯：
> 　　我已经迫不及待！正如我们所计划的，现在来说说巴黎以外的建筑吧。
> 　　咱们讲法国历史的时候已经了解到，法国是个多民族的国家，这个国家的各个地区拥有着不同的文化习俗，建筑也一样。

　　法国北部的居民偏爱红色的砖墙建筑。因此，在北方的村庄里常见成片的红色砖房，而北方的城市中则多见带有高大钟楼的红色砖墙市政厅——这和法国的邻国比利时非常接近，更与当地的弗拉芒文化有关。

　　法国北部、比利时和荷兰的南部在传统上属于统一的"弗拉芒"（Flamand）地区，根据音译，也有人叫它"法兰德斯"地区。居住在这个地区的人们有着自己的语言和独特的生活习俗。他们淳朴、崇尚自然。因此，弗拉芒地区的文化和艺术也受到了相应的影响。天主教是这个地区里最主要的宗教，所以弗拉芒地区随处可见高大简朴的天主教教堂。

　　事实上，法国的北部和比利时地区的很多钟楼都被联合国教科文组织列入了世界遗产名录。北部濒海的加来、敦刻尔克，还有法国北部最大的城市里尔，这几个地区的带钟楼的美丽红色市政厅都是世界遗产，座座精致非常。

　　我最喜欢的是"加来市政厅钟楼"，高达 75 米的钟楼上有 4 面黄色的大钟，每面钟的上方都站着金光闪闪的武士雕塑，仿佛正守卫着这座城市。加来市政厅内的雕花玻璃上镌刻着"加来六义士"的故事，门口则矗立着"加来义民"铜像（就是那组罗丹的名作）。

敦刻尔克的市政厅也是红色的，比加来市政厅的规模小一点儿，却更具有弗拉芒式的英雄气概；正面的墙体上有6座雕塑，刻画的是公爵和将军的形象，他们都是对敦刻尔克做出过贡献的英雄。

最后，我要告诉你一个实用的旅游小窍门：法国的市政厅是向市民开放的，平日里的各种婚丧嫁娶事宜都在市政厅中办理，游客自然也可以参观随意。因此，万一在旅游的时候找不到卫生间，可以去市政厅里借用一下。

法国中部卢瓦尔河谷地区的建筑则大多是白色的石头房子，从"小房子"到"大城堡"——都是白色的。卢瓦尔河谷中有着数不尽的法国古堡，来到这里就仿佛亲临童话王国，其中光是由法国旅游局推荐的皇室贵族大城堡就有20余座。大文豪巴尔扎克也特别喜欢卢瓦尔河谷，他在《河谷中的百合花》（*Le Lys Dans la Vallée*）中这样描写："在这片梦幻的土地上，每移动一步，都会发现一幅崭新的图画展现在眼前。而画框就是一条河流或一个平静的池塘，倒映着城堡、塔楼、公园和喷泉。"

在这众多的城堡中最不容错过的是香波堡（Château de Chambord）。香波堡是弗朗索瓦一世的梦想，他自己构思了建筑的结构，保留了中世纪要塞似的外观，又融合进一些文艺复兴时意大利建筑风格的细节。香波堡里并没有收藏什么名画或珍宝，这和其他的古堡不太一样；但我觉得小朋友们都一定会喜欢这里，因为香波堡就像是一所值得探险的大迷宫！一进入香波堡的大厅，你就能看到一座神奇的双螺旋楼梯——像"DNA结构"的两座分别拥有不同入口的螺旋式阶梯——环绕着同一个空心石柱，一直盘旋到城堡的三楼。人们总会以为，从两个不同的楼梯入口上下楼的话，马上就能遇到对方，实际上却是不能的。

| 香波堡 |

我们提过，传说中这座楼梯是达·芬奇专为他的好友弗朗索瓦一世设计的——为了弗朗索瓦一世偷偷约见情妇时使用。我想，也许真是由于这样的原因，香波堡中共有 77 座楼梯、282 座烟囱和 426 个房间，互相交错，你中有我，我中有你，错综复杂。和亲朋好友一起来参观时，稍不注意就容易走散，那么一次普普通通的参观之行就成了一次中世纪古堡的探险。

　　要是你喜欢皇家花园，那么可以选择去参观河谷地区的维朗德里城堡（Château de Villandry）。城堡中的花园在不同的季节里会展现出不同的色彩，那是因为城堡里的园丁会用蔬菜和瓜果当作装饰，把这座法式宫廷花园变得既美丽又实用。

　　要是你喜欢河流，就可以选择参观舍农索城堡（Château de Chenonceau）——整座城堡跨在谢尔河（Le Cher）上，特别有王子与公主的梦幻感。舍农索城堡经过一代又一代女主人的精心维护，最终被很好地保存下来。

　　河谷地区里，还有一座索米尔城堡（Château de Saumur）倚建在索米尔山（Saumur）上，气势十分雄伟；昂热古城（Angers）的中心有一座昂热城堡（Château d'Angers），巨大的圆形炮楼让人感到自己仿佛回到了中世纪。卢瓦尔河谷的每座城堡都各不相同，拥有很有趣的传说。要是有机会的话，我要带着可爱的你，沿着卢瓦尔河慢慢参观。

往法国的东部走，那里房屋的建筑形态又出现了变化。法国东部的居民喜欢用各种颜色的木条加固白色的房屋，加固的部分就叫作"木筋墙"。彩色的木筋墙房屋都通常依着河边建造，房屋的窗台上通常还摆着许多鲜花。想想你看过的宫崎骏动画吧，里面是不是常出现一些布满鲜花的城市，它们大多是参考这里的风景创作出来的——斯特拉斯堡（Strasbourg）和科尔马（Colmar）就是这样的城市。

科尔马风光

阿尔比风光，背景中是圣塞西尔大教堂

    法国的中南部离边境远，受到外来文化的影响相对较小，中南部地区有更多的法式传统古建筑被保存下来。

    首先，你不能错过有"苍红之城"称号的阿尔比（Albi）——整个城市都由橙黄色的砖石和红棕色的瓦顶组成。米其林集团出版的《法国世界遗产之旅》曾将阿尔比评定为最高等级的旅游目的地。城中心的圣塞西尔大教堂（Cathédrale Sainte-Cécile）是全世界最大的砖石结构天主教教堂，完全不同于乡村的罗马教堂和哥特式教堂或拜占庭式教堂，体现出浑厚沉重的历史感。大教堂的内部展示着创作于中世纪的巨型壁画《最后的审判》（*Le Jugement dernier*），这幅壁画和教堂中其他的文艺复兴时期的壁画形成了鲜明对比。另外，在主教座堂中还摆放着一座法国最大的古典管风琴，由18世纪南法著名的管风琴制造师克里斯托弗·穆舒赫拉（Christophe Moucherel）制作。

普罗旺斯石头城

位于普罗旺斯阿维尼翁（Avignon）的教皇宫（Palais des Papes）则更加雄伟。这座欧洲最宏大的哥特式建筑汇集了当时顶尖建筑大师们的成就。阿维尼翁教皇宫的宫殿也许不及国王王宫的金碧辉煌，但胜在气势磅礴——古老的砖墙、宽大的房间，都能让人体会到中世纪教皇的权力与地位。

再往南走，就到达了梵高曾经居住过的阿尔勒和马蒂斯曾居住的尼斯。阿尔勒是明黄色的，尼斯则是红、黄双色的。

尤其值得一提的是尼斯，地理位置和意大利很接近，因此那里的房屋不免透露出一丝地中海风情——窄窄的楼房，一栋挨着一栋，打开二楼或三楼的、或白色或绿色的百叶窗，就可以和对面的邻居畅快地聊天。

同样位于尼斯的马蒂斯美术馆建造于1670—1685年期间，当时的此处还在现在已经消亡的"热那亚共和国"的统治下。整座建筑体现出浓重的"热那亚宫殿风格"：墙壁是褚红色的（和北京故宫的颜色有些相似），窗棂却都是白色的，再搭配上周边墨绿色的橄榄树，色彩对比度显得特别强烈。"热那亚风格"的建筑通常有3—4层的结构，每层都设置有小小的、可以俯视花园的阳台，楼梯一般是宽阔的、敞开的，院子通常都很大。

尼斯街头

　　从南部沿海往阿尔卑斯山里行进，就能见到许多木屋。从前的牧民经常在山间放牧、做木工，于是就居住在这些木屋中；现在，这些木屋都已成为旅行者们最爱的旅居小屋。在冬天的滑雪季和夏天的登山季，这些山间木屋是人们最惬意、最浪漫的旅居选择。

> 　　法国的每个地区都有不同特色的建筑和房屋，每个时代的建筑又都不同，这和中国大江南北的建筑各有特色是一个道理。
> 　　听姑姑的介绍是一回事儿，自己亲眼去观察一定又会有新的体会。
> 　　那句话是怎么说的？——"世界很大，我想去看看。"
> 　　法国很大，你也得来看看！
> 准备去山里住小木屋的姑姑

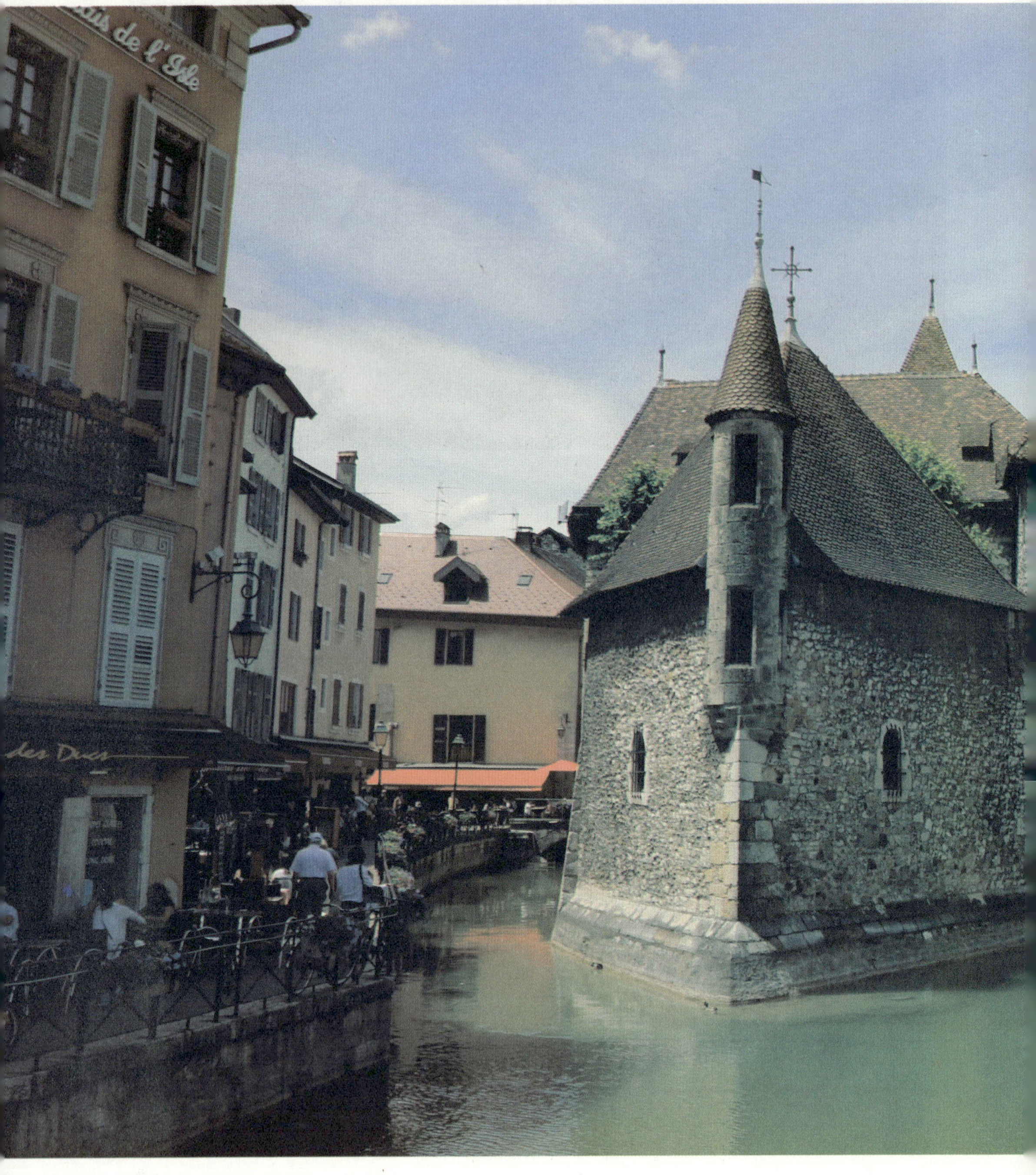

假如生活在法国 | "你好，慢慢来"

法国人的日常丨打招呼与用餐礼仪

> 亲爱的修斯：
> 　　想不想先为将来的"法国之行"做些准备呢？
> 　　首先，咱们先来学学法国人的处事习惯吧。熟悉了这些，你来法国时便易于入乡随俗了。

　　法国人的最重要的习惯是：走到哪儿都要问声"你好"——"Bonjour"（读音接近中文的发音"棒入呵"）——无论双方相识与否。进入餐馆、酒吧就餐，到博物馆里参观，在楼道里交会、错身，在旅游景点遇到其他游客，在电梯里面对同乘者，通常都需要相互打招呼问好。如果你身处大城市，因为人流大，还偶尔能忽略"问候"这件事儿；但当你在法国的小城市或乡村旅游时，"问候"就是最重要的敲门砖——无论见到任何人，都少不了问候一声"Bonjour"。逢人问候"Bonjour"是法国的小朋友乃至全体人民首要的礼貌原则。当你来法国玩儿的时候，如果遇到陌生人向你问候"Bonjour"，不要惊讶；要是能够回问候一声"Bonjour"最好，如果你不好意思说出口，就用微笑回礼吧。

　　法国人第二个习惯是：见面后行"贴面礼"，而且要发出亲吻的声音，尤其是相互打过交道的熟人——无论男女、私事或公事。生活在法国不同地区的人们行贴面礼的习惯也不尽相同——主要体现在次数的不同——可以亲吻2—4次，一般情况下2次即可。在法式的传统习俗中，不相识的男士与女士在见面后，也普遍行贴面礼以表示礼貌；现代的商务活动中，大家则通常按照国际惯例以"握手"代替"贴面问候"。所以，当你来到法国的时候，会经常在大街上看到法国人"亲来亲去"的；不用害羞，也不用紧张，咱是外国人，只要握手就可以啦。

见面的时候问"你好",离开的时候说"祝您今天愉快",下午说"祝您今天剩下的时间愉快",晚上说"祝您晚间愉快",睡觉前说"晚安",办任何事情都说"请"——法国人很注意言语上的礼貌,虽然他们有时候也骂脏字,但基本的礼貌用语一定会一直挂在嘴边。

下一个习惯简直是法国人特有的，也是我们在法国时一定要适应的：一个字"等"，两个字"耐心"，三个字"慢慢来"！从去景点或吃饭，到搭乘公共交通，或去相关机构办理公务，都需要极富耐心。法国人办事儿一向慢条斯理，加上常常人手不足，所以做任何事情经常都需要大排长龙。遇到这种时刻，千万不要着急；法国人最爱说"Prenez votre temps"（拿住你的时间），意思就是"别着急"。特别是来法国旅游就是要享受放慢节奏的日子——坐下来轻松喝一杯饮料，用三小时吃一餐饭，花一整天去看博物馆，多好！

法国人的另一个习惯是：不太说英语。在大都市的商店或餐馆里，有一部分的服务人员是能用英语和游客沟通的，可要除此之外的法国人说英语，就有点儿困难了。很多人都认为因为法国人骄傲，才不爱说英语，其实却并非如此。法国人的英语水平其实并不高，有很多人说的都是"哑巴英语"，究其原因，大概还是——他们害羞，说不出口。话说回来，法国人确实特别爱国，尤其在购物的时候最能体现，法国人最爱买"法国制造"。

法国人还很讲究穿戴：在家中可以随便些，出门则一定要干干净净、整整齐齐。上班要穿得正式，外出去餐厅就餐也要穿得正式——只要是见外人，就一定要打扮一番。你在法国的地铁里可以看到法国的奶奶们也常画着好漂亮的妆，穿着高跟鞋；在公园里，会看到拄着拐棍儿的爷爷们穿着"三件套"散着步。然而，虽然法国人非常在意穿衣要大方得体，却并不太追求名牌。另外，身为游客的我们常习惯穿着球鞋和运动服去观光；但实际上，法国人认为，在不跑步、不锻炼的时候穿运动服上街也是不礼貌的表现。所以，如果在法国参观博物馆、去剧院看演出的时候，尽量不要穿着运动服。

去高档餐厅吃饭的时候更要穿戴整齐，不仅修斯你自己要注意，也要提醒你的爸爸妈妈，特别是去星级米其林星级餐厅吃饭时一定要穿着正装——你还小，可以不用穿西服，但也一定不要穿短裤；还要穿正式的鞋子，一定不可以穿拖鞋；否则，餐厅就很可能拒绝你进入用餐。

法国人吃饭时的礼仪也特别多。吃饭的仪态要好——坐直，不要躺靠在椅子上。吃完后要把刀叉并排，一起斜放在盘子里，表示已经用餐结束；这时候，服务员才会收走你的餐盘，上下一道菜。吃饭的时候也不要玩手机——按理说，手机就不应该放在餐桌上，吃饭就是吃饭，是个和大家面对面交流的机会。吃饭的时候可以交谈，但不能大声喧哗。

再次提醒你，小修斯，在法国吃饭，可能要等上很长的时间。因为法国人习惯慢慢吃、慢慢聊嘛，无论是正式的"三道菜"，还是简单的"一餐"。

法国人在家吃饭很慢，去法国的朋友家里做客，经常需要吃上好几个小时才会结束；在外就餐也慢，等位、点菜、上菜、吃饭、结账，所有的节奏都慢吞吞。但不要急于催促，要习惯等待，等……等……等……

另外，在法国的餐厅里吃饭，不要像在中国时那样呼唤服务员，举手示意就可以了；法餐餐厅的服务员其实一直在观察着周围顾客的情况，一般都能及时提供相应的服务。一般来说，法国餐馆里的服务员数量不多，因此每个服务员要负责从点菜到上菜到买单一系列的流程，往往还要一个人负责好几张桌子；加上有些法国大餐的制作工序比较复杂，更需要不少时间了。所以，一定要有耐心哦。

最后，我们来说说法国人对小朋友吃饭礼仪方面的要求：吃完饭不能扔下刀叉下桌玩，要等候没有吃完的人一起结束。如果在家用餐，小朋友会和爸爸妈妈报告自己已经吃完了，申请是否可以离开桌子，得到家长的允许后才能离开；如果在餐馆里用餐，更不能离开餐桌，满餐馆里乱跑。我知道，时间很长的饭局往往会变得很闷，那怎么办呢？法国的小朋友们会带一本书或者一本画册，吃完饭后就可以阅读，或者画会儿画，也有的小朋友会拿出游戏机玩一小会儿，总之就是要坐在餐桌旁，安安静静地等所有人用餐完毕。法国的餐厅都会提供免费的面包和小点心，无论是等待开吃的时候太饿，还是要等候他人吃完时感到无聊，都可以尝尝这些小食品，或者和爸爸妈妈、朋友们一起喝饮料，聊聊天，等一等。

吃饭时间就是聊天聚会的时间，不是吗？

> 来法国到底要吃什么呢？明天告诉你。
> 　　　　　早已经被法国人磨成了慢性子的姑姑

159
与法兰西的 10 个约定

修斯的秘密笔记

体验星级美食丨小吃 VS 大餐

> 修斯：
> 我们如约来讲讲法国的美食吧，准备好"开吃"了吗？

巴黎是全欧洲的美食中心，这里有世界上最著名的米其林三星餐厅，也有上百年的啤酒馆，还有很多最新式的创意餐厅。各国的游客都能在巴黎找到自己民族的美食——巴黎就拥有全欧洲最棒的中餐馆。不过，来到法国，当然应该先尝尝地道的法兰西美食。

首先，去一次米其林餐厅吧——对，就是那个生产轮胎的、胖胖的米其林。当年，米其林集团在帮助大家修理汽车的时候，发现人们都喜欢问"附近哪儿有好吃的？"于是，《米其林餐厅指南》就这样诞生了。米其林指南里的"星星"评价的是烹饪水平，能达到星级的餐厅都是同类餐厅中出类拔萃的，用餐环境也达到一定的档次。

你的年龄还小，吃那种好几道菜、好几个小时的法式大餐估计要受不了，因此我推荐你和爸爸妈妈一起去试试"米其林推荐餐厅"，绝对值得！此外，《米其林餐厅指南》里还常出现一个可爱的"米其林宝宝头像"，这表明标记的那家餐厅在环境的设置上并不是特别雍容优雅，但味道一定依然好吃；不过，就算去有"米其林宝宝头像"标记的"推荐餐厅"就餐，也别忘了要穿戴整齐。

巴黎的餐厅数量众多，著名的餐厅是数不胜数的；假如你苦恼不知道该选哪家餐厅，那么可以询问酒店的前台或者商店的店员，一般来说，大家都会很热情地为你推荐。如果要我来推荐，并且只能推荐一家餐厅，我就会建议你和爸爸妈妈去位于蓬皮杜艺术中心高层的"Geogres Abstraction Surface Air"餐厅。这家餐厅的饭菜很美味，更重要的是，在这里吃饭可以看到时尚的巴黎玛黑区的座座屋顶，其中就包括圣母院的房顶；从餐厅宽敞的窗户向外看，就是在和远处的圣心教堂遥遥相望呢！在这家餐厅用餐，是从另外一个角度看巴黎，很有意思。这家餐厅的洗手间也设计得很有特色——又奇怪，又好玩儿。

不过，游客们常常因为时间不够，而无法去餐厅就餐——特别是第一次游览法国的旅客们，大家都希望在有限的假期时间里尽可能多地游览异国。在这种情况下，你可以选择法国本土的汉堡快餐连锁店"Quick"，里面的产品和麦当劳的很类似，只是这儿的薯条比较奇特，有粗大的炸薯块儿可供选择。说到薯条，法国人对此是相当自豪的。你知道的，薯条的英文名称就是"French fried"，也就是"法式油炸马铃薯"，法语叫作"Frite"。在法国，尤其是法国的北方，大街小巷都有贩卖炸薯条的店铺，一些法国人甚至习惯只用一包薯条作自己的午餐。

不过，"Quick"这家快餐店已经被另一家国际连锁快餐店收购了。2020年之后，"Quick"这个招牌就很可能消失不见了。想尝试的话，一定要抓紧时间来吃！

在法国，除了薯条，土豆汉堡也很受欢迎

巴黎双风车咖啡馆，电影《天使艾美丽》取景地

    来到法国，除了吃正餐之外，还一定要体验一把法国的咖啡文化。法国的各地遍布着各式各样的咖啡馆，你会看到大家都肩并肩地坐在街边喝咖啡，聊着天儿或者发着呆、看街景。在旅游的时候，如果感到疲乏，就可以选一家咖啡馆歇一会儿，喝一杯香浓的咖啡或者鲜榨橙汁儿。我要告诉你的是，对于很多旅行者来说，咖啡馆是个上厕所的"好地方"，毕竟有很多游客去咖啡馆歇会儿其实是为了上厕所。

    巴黎有很多著名咖啡馆，比如左岸的花神咖啡（Café de Flore）和双叟咖啡（Les Deux Magots），这两家咖啡馆是巴黎文学、知识精英的聚集地。过去，有很多大文豪和思想家都喜欢在这两间咖啡馆里聚会、讨论和创作。毕加索（Pablo Picasso，1881—1973）曾经在花神咖啡馆的玻璃窗上作画；哲学家、作家萨特（Jean-Paul Sartre，1905—1980）则在花神咖啡馆里创作出了《存在与虚无》（L'Être et le Néant）；萨特的伴侣、法国著名女权运动家西蒙·波娃（Simone de Beauvoir，1908—1986）也是咖啡馆的常客。双叟咖啡和花神咖啡的外观有些相似，不过双叟咖啡馆内的柱子上悬着两个"清朝官员"形象的木制雕像，是从中国买办手里购置的，这也正是这间咖啡馆名字的由来。

上　花神咖啡馆
中　双叟咖啡馆
下　油画中的和平咖啡馆

巴黎歌剧院的旁边有一家和平咖啡馆（Café de la Paix），这家咖啡馆很有名气，它的设计师就是巴黎歌剧院的建筑设计师加尼叶，所以，这家咖啡馆理所当然地成了法国的一处历史古迹。莫泊桑和左拉很喜欢去和平咖啡馆；在一些名家油画里，我们也常常能瞥见和平咖啡馆的身影。

另外，我还想介绍一下普罗可布咖啡馆（Café Procope），据说这是巴黎最古老的咖啡馆，始建于1686年，是由一个意大利人建造起来的。伏尔泰、卢梭等启蒙思想家曾是普罗可布咖啡馆的常客；连美国政治家本杰明·富兰克林（Benjamin Franklin，1706—1790，他曾出任美国驻法国大使，并成功说服了法国支持美国独立）也来过这家咖啡馆。现在，这间咖啡馆里面的装饰还依然保持着18世纪的样式——红色的墙壁衬着水晶吊灯，还挂着很多著名人物的古旧椭圆形肖像。最有意思的是，普罗可布的服务员们都穿着法国大革命时期的制服为顾客们服务。

说实话，我还没在巴黎街边踏踏实实地喝过咖啡——我说的是那种坐在咖啡馆外面，看着来往车辆发呆着喝咖啡。咱俩一起吧？我请你喝"法国北冰洋"或者鲜榨果汁儿。你的爸爸妈妈不是总嫌弃你喜欢发呆吗？咱俩回头一起发呆，在巴黎发呆；这叫作"文化体验"，就是要理直气壮地发呆，就这么定了哦——这是我们与法兰西的第七个约定！

喝完了咖啡和果汁，再来份甜点就更好啦！听说你很喜欢马卡龙，是吗？法国的大部分甜品店都会制作马卡龙，法国人最喜欢的马卡龙来自"Pierre Hermé"甜品店，这家店铺得到过无数甜品大奖。除了马卡龙，千层酥、柠檬塔等甜点也都是"Pierre Hermé"的招牌产品。"Pierre Hermé"在巴黎有十几家分店，还在老佛爷百货公司里设有专柜。

刚才咱们说的彩色杏仁饼——"马卡龙"是众所周知的法国甜点，它的法语写法是"Macaron"；而另一种样子普通的杏仁饼叫作"Macaroon"，单词拼写时要写两个"o"，虽然拼写相似，但和"马卡龙"并不相同。另外，如果你在餐馆的菜单上看到"Macaroni"，也不要以为这是甜点——不是的，"Macaroni"是一种胖滚滚的通心面。对了，现在的法国总统叫作"马克龙"（Macron），他名字的拼写比"马卡龙"少一个"a"。

橱窗里的马卡龙

可是，也有人不喜欢马卡龙，就比如姑姑我，不过，我可以点一份美味的冰淇淋吃。"Amorino"牌的冰淇淋很有名，在全法国的旅游城市都有分店，标志是个胖胖的小天使。这家冰淇淋店喜欢把蛋卷冰淇淋做成玫瑰花的样子，顾客可以单独选一种口味，也可以选几种口味混搭。巴黎还有一家好吃的冰淇淋店，它的品牌是"Jeff de Bruges"——这是来自比利时的巧克力商店，在香榭丽舍大街上就有一家。我觉得"Jeff de Bruges"最好吃的种类是在店门口贩卖的巧克力冰淇淋——巧克力特别浓厚，还有冰沙的口感。当然，法国的本土品牌"Chocolat de Neuville"巧克力店的冰淇淋也很好吃。另外，许多家庭自己制作的冰淇淋也非常美味，尤其在海边，很多冰淇淋车贩售的都是家庭制的冰淇淋。你可以试试绿色的开心果口味冰淇淋——这种口味在中国很少见，却是法国人特别喜欢的。每个国家都有本国人民喜欢的特殊口味的冰淇淋。可不是吗？法国人也没见过咱们的"绿豆冰淇淋"呐！

游览时疲乏了，还可以在餐厅点一道简单的料理——可丽饼。还记得法国人在庆祝什么节日时吃可丽饼吗？法国人都特别擅长制作可丽饼，餐厅的下午茶也经常供应可丽饼，口味有咸有甜，可供顾客们自由选择。可丽饼的法文是"Crêpe"，如果你在餐厅里看见这个单词,就尽可以大胆地选择啦。刚才咱们提到过的几家著名咖啡馆也都出售可丽饼供顾客享用。在巴黎、里昂和很多其他的旅游热门地区,大街上都会有售卖可丽饼的小贩,他们就和咱们的煎饼摊贩差不多,只不过在街边摊贩卖的可丽饼大都是甜的。可丽饼商店最多,可丽饼口味最好、最正宗的地方是布列塔尼(Bretagne)地区,这里是可丽饼的起源地,新鲜出炉的可丽饼配上一瓶当地出产的苹果酒(Cidre)——才是正宗的法式煎饼吃法!

再来说说面包吧。法国人特别、特别、特别爱吃面包(此处还省略了好几个"特别"),满大街都是各种面包店(Boulangerie)。面包店已经成为一个法国社区中最重要的设施,很多村庄没有学校,没有商店,什么都没有,但是,一定有家面包店!

说起最著名的法国面包,"法棍"(Baguette)当仁不让。但是,绝不是所有长成一根长棍儿样子的面包都能叫法棍,只有高矮胖瘦合适的"棍子"才能被称作法棍。法棍的制作是有法律规定的——要用不含油脂的面,标准重250克,直径在5—6厘米,长度不能小于80厘米。法棍还要有酥脆的外皮,中心要有气体使面包能膨胀破裂出纹路,很讲究吧。从1994年开始,巴黎每年都会举办"法棍大赛",比赛结束后,总统府爱丽舍宫会向比赛的冠军购买一整年的法棍!

■ 大名鼎鼎的法棍 ■

除了法棍，法国的面包屋里还有其他各式各样的面包：大的、小的、圆的、方的，黑一点儿的和白一点儿的，全麦的或带果仁的。如果你喜欢吃面包，大可以去那些开在街角巷陌的面包屋好好挑选一番。通常，早上 8 点和下午 5 点是新鲜法棍的出炉时间，那时候的面包屋里香味阵阵，让顾客们垂涎欲滴。

面包屋里往往还卖：巧克力面包、果酱面包和酥皮面包。"酥皮面包"其实是个统称，法语里写成"Viennoiserie"，字面上的意思是"来自维也纳的"。关于酥皮面包，流传着这样一个说法：在 1837 年前后，巴黎有一家维也纳面包店，店主人是个奥地利人，他的面包店里制作和出售酥皮的面包；从那时候起，所有的酥皮面包都被称为"Viennoiserie"了。不论是酒店还是咖啡馆，早餐餐单上都常常出现"Viennoiserie"这个词。最著名的法式酥皮面包是"羊角包"（Croissant），中文习惯把它翻译成"可颂"，但这个词实际上的发音类似中文的"夸桑"。

也许你还会问：法国的面包店里卖蛋糕吗？答案是：可能有，也有可能没有。在法国，蛋糕这类甜点一般要在"Pâtisserie"（也就是"甜品店"）里购买。大部分的普通法国人都会做蛋糕，但是想要开一家"Pâtisserie"，则需要持有特殊的文凭和执照。因此，面包店里能不能卖蛋糕就取决于店里是不是有员工持有甜点师傅的文凭。（这句话是不是有点儿像条绕口令？）甜点师傅需要经过漫长的学徒期和实习期的锻炼实践，再通过了笔试，才能自己营业。法国的蛋糕种类繁多，不过大多很甜——比中国的蛋糕甜。有一种布满巧克力的长条形泡芙很受欢迎，法国人管它叫作"Éclair"，字面意思是"闪电"，于是中国人把它翻译成"闪电泡芙"。

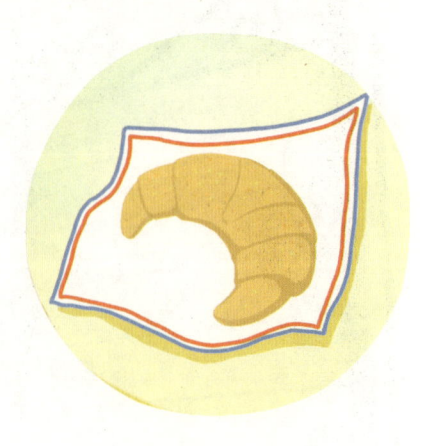

说完了面包，咱们再来说说常配着面包吃的奶酪——Formage。法国人真的很爱吃奶酪：早餐吃，午餐吃，晚餐吃，吃完主菜吃，当零食吃，放在菜里，放在面里，放在饭里，各种吃法层出不穷！法国作为一个畜牧业大国，牛奶、羊奶的产量都很大，类别也很丰富，每个地区都有自己的特色奶酪，原因是受不同的水、不同品种的牛、不同的草场和不同环境的影响，能产出不同的奶酪。不过，也许修斯你会觉得奶酪的味道有点儿"大"，那么可以尝尝法国的小朋友们最喜欢的小奶酪（La vache qui rit），这种奶酪的标志是一头红色的、微笑着的牛。还有一种奶酪我想你也一定会喜欢的，那是一种叫作"Formage blanc"的白奶酪——看起来、吃起来都很像酸奶。不过，把白奶酪静放一段时间，再把水分压走，就能产出奶酪了；而酸奶放一段时间后还是酸奶。在法国吃早餐的时候，通常会看到一大盆的白色黏稠的"酸奶"，那就是白奶酪（而酸奶是一杯杯或一瓶瓶的），加上果酱或糖吃都很美味。

提到了糖，法国人可以谈论的话题更多了。法国人真的太爱吃糖了，因此每个地区也都有本地的特产糖果，所有的农贸市场和圣诞集市里的热卖品一定是糖果。酸酸的橡皮糖、做成可乐瓶子形状的可乐味橡皮糖、蓝色的蓝精灵橡皮糖、赤橙黄绿各色的鳄鱼形橡皮糖都是最受孩子们欢迎的产品。爸爸、妈妈、爷爷、奶奶通常喜欢吃花生糖和草药口味的水果糖。法国最著名的糖果叫作"Barbe à papa"，字面意思是"爸爸的胡子"，实际上就是粉红色的棉花糖。小修斯，"Barbe à papa"这个糖果名的写法是不是很眼熟？和"Barbapapa"——"巴巴爸爸"的写法很相似，

169

与法兰西的10个约定

对吧？是的，"巴巴爸爸"的动画造型就是受到了棉花糖"爸爸的胡子"的启发而创作出来的。不但鼎鼎大名的《巴巴爸爸》是法国动画片，连《蓝精灵》其实也是说法语的呢！法国人很喜欢看漫画，因此，在漫画和动画制作方面也非常出色，日本、美国动画片的制作人就经常邀请法国的漫画高手去参与绘制。

除了糖果，在法国的农贸市场里、嘉年华上，特别是冬天的圣诞市集上，还能找到很多富有特色的小吃。小贩们最喜欢贩卖的产品是一个个"插在棍子上的大苹果"，它其实很类似中国的"糖葫芦"，只不过我们的糖葫芦串着的是一个个小红果，他们的则是一个大红苹果，红艳艳、亮晶晶的，漂亮得像是给白雪公主的毒苹果。这个串在棍子上的大苹果有个很特别的名字——"Pomme d'amour"，意思是"爱的苹果"。

市集上还能买到糖油饼（Croustillons）、糖油条（Chichi）、法式甜甜圈（Beignet，也叫贝纳特饼）和华夫饼（Gaufre）。吃着这些热乎乎的美味小点心，浑身都会暖和起来。说起华夫饼，我要推荐一种很特别的华夫饼——里尔带馅华夫饼（Gaufre fourrée lilloise）。顾名思义，这是来自里尔的特产，它与普通的厚实华夫饼不同，是在两片很薄的蛋形华夫饼中间添加红糖或者香草，再压制在一起，吃起来有点儿像夹心饼干。

另外，烤栗子也是在法国大街上经常可以看到的零食，法国的栗子和我们中国的一样，唯一的区别是：他们把栗子放在像是用来烤红薯的炉子上烤；而我们的栗子却是用糖炒出来的。

那么，法国的超市里可以买到些什么零食呢？——关于"饼干"的选择最多。我强烈推荐"LU"牌的小黄油饼干（Petit-Beurre），这种饼干又便宜又好吃，还很有趣。小黄油饼干起源于1886年，它看似简单的长方形设计实际上蕴含着很多门道。饼干的4边分布着52个齿，表示每年的52周；4个直角代表四季；饼干面上还有12个孔，代表12个月；所以，吃掉一块饼干就等于"吃掉了一整年"！

这种小黄油饼干发明于南特，原来饼干厂厂房的所在地现在被叫作"Le Lieu Unique"——"独特之地"，除了保留原来宽大的厂房，还矗立着一座色彩斑斓的古典瞭望台。2000年，这里被改造成了"法国国家文化中心"，是年轻人们游玩的首选地，登上那个瞭望台，可以看到南特的全景。

1897 年的 LU Petit-Beurre 小黄油饼干广告

　　接着，我们要说说法国的水和饮料，那就更丰富了。法国的矿泉水非常出名，价格还便宜，你熟悉的不带汽儿的"依云"和带汽儿的"巴黎水"都可以随意地在各种超市里买到。要是在餐厅里点了水，服务员会询问你"要带汽儿的？还是不带汽儿的？"你大可以从中选择一种自己喜欢的，也可以像许多法国人一样，选择一瓶"Carafe d'eau"——一大罐不要钱的自来水。至于饮料，我只推荐一种，叫作"Orangina"；这是一种从1936年就开始生产的"橘子汽水"，几乎所有的法国餐厅都供应，就相当于北京的"北冰洋"汽水儿！

　　说到这儿，修斯你是不是有点儿嫌弃我光说零食而不说正餐？法国大餐的内容实在太丰富了，就是用三天三夜也说不完，那么我就挑几种不容错过的来介绍吧——

　　排在法国大餐首位的当然是牛排喽。法国的牛排世界知名，但是，人们到餐厅点牛排时却很难点到特别好吃的——有时候是因为没有选对肉，有时候是因为要求的火候不对。要我来推荐的话，建议点肋眼牛肉（Entrecôte），这部分的肉很嫩。

171

与法兰西的 10 个约定

牛排的熟度大概有四种：第一种是"bleu"（中文意思是"蓝色的"），这种熟度表示牛肉在锅里"碰一下"就装盘了，因此这种熟度的牛肉大致就是"生的"；第二种是"saignant"（意思是"带血的"），这表示烹制的时间稍微长一点儿，肉排的内部还是红色的、带血的，法国人通常最喜欢点这种；第三种是"à point"（意思是"正合适的"），这种熟度大致就是我们常说的七分熟，这时的肉吃起来很香，比较适合中国人的口感；第四种叫"bien cuit"（意思是"全熟的"），如果不喜欢牛排肉还带血的话，就可以点这种熟度，只不过吃起来容易感觉有些"柴"，嚼起来比较费劲。通常，法国人不喜欢全熟的牛排，他们说"全熟的牛排就和鞋底一样硬"！

接下来该尝试的法式大餐是海鲜拼盘，拼盘里包括生蚝、大虾、螃蟹，等等。当然，在海边的城市吃海鲜拼盘要比在巴黎、里昂这样的内陆城市里便宜得多。诺曼底、布列塔尼、波尔多的生蚝都很好吃，一般按大小划分，价格不同，"三号"是最合适食用的。

要是你不爱吃生海鲜，可以选择熟的。"Moule"（中文叫作"海虹"或者"青口"）是法国的特产，最简单、好吃的方法是做成"moule marinière"，也就是"海水原味青口"。要是你在法国的餐厅里看到有人吃饭不是用盘子而用小黑锅，那他就一定是在吃青口。吃青口还有个小窍门：不要用刀叉，用手；吃完第一个青口后，直接用这个空贝壳当镊子，夹着下一个青口肉吃，这才是地道的法式青口吃法。

| 新鲜生蚝

鹅肝沙拉

　　酸菜实际上也是一道法国特色菜，尤其代表着法国东北的阿尔萨斯地区，在全法地区都能吃到。法国酸菜叫作"Choucroute"，材料是圆白菜，通常还搭配上法式肉肠一起炖制而成；法国酸菜的口感和味道跟咱们中国东北的酸菜很相似。

　　来到法国，自然还要尝一尝鹅肝。一般餐厅里的鹅肝都以鹅肝酱的形式呈现给顾客；不过也有煎熟的吃法，那么就加一点儿果酱，配上面包，味道很不错呢。

　　勃艮第蜗牛也是一道不能错过的美食。在蜗牛肉上盖满切碎的香芹、大蒜和黄油，一起烤制，味道就特别香。吃蜗牛的时候要用夹子和铁钳，不然太烫手了。

　　最后，我还要推荐两道法国南部的名菜：肉馅酿蔬菜和什锦焖菜。肉馅酿蔬菜是法国的家常菜，尤其是肉馅酿西红柿和肉馅酿柿子椒，配上米饭吃，很有吃中餐的感觉。什锦焖菜也叫普罗旺斯杂烩，就是把各种蔬菜放在一块儿炒，我觉得这其实有点儿像中国的"地三鲜"。普罗旺斯杂烩的法语是"Ratatouille"，这个单词是一部著名动画片《料理鼠王》的片名，电影里那只厉害的小老鼠就是因为做了"普罗旺斯杂烩"这道大餐而征服了美食家。

实际上，所有的这些法式菜肴通常都会配上土豆块、薯条，或土豆泥。土豆是法国人最主要的粮食，他们吃土豆就像我们吃米饭。这样说起来，是不是感到有点儿乏味呢？有机会的话，我觉得修斯你可以给你在中国生活的法国朋友们介绍一下中国的"酸辣土豆丝"，他们一定爱吃。另外，吃饭的时候，法国人还喜欢配着点儿面包，用面包把盘子里的酱汁擦干净吃掉——有礼貌的法国人喜欢吃完饭时的盘子干干净净，没有汤汁，也没有碎屑。

　　关于"吃的"，我们就说到这里吧。不过，在说再见之前，我想再补充一个去餐厅时的小注意事项——吃法餐时，点菜一般只负责点自己的那份。

　　这不像在中餐厅吃饭，点的菜要大家一起分着吃，所以在法国点菜时，一般一人点一个就够了，当然，也可以点一份套餐。套餐里一般包含前菜、主菜和甜点，能吃得特别饱。

　　很多法国餐厅也为小朋友们提供专门的儿童套餐，内容可能是：一份意大利面加一份冰淇淋。

　　不过，修斯你今年已经11岁啦，可以点和大人们一样的菜啦。

　　期待再见。

一边吃小黄油饼干一边写信的姑姑

L'ESCARGOT
MONTORGUEIL
始创于1832年

L' Escargot Montorgueil（蒙特吉尔蜗牛餐厅）不仅仅是招牌，简直是传奇！是专门为巴黎 Les Halles地区的美食爱好者服务的极具活力的餐厅。蒙特吉尔街曾经是画家Clairin画作的主体，位于圣·尼斯塔什教堂和Sentier区之间，也是巴黎人最喜欢、游客最向往的街道之一。

千变万化的蜗牛美食
ESCARGOTS

法国厨师只烹饪两种蜗牛。首先是庭园蜗牛（Helix aspersa），法文叫做"小灰蜗牛"。此蜗牛的肉品极为细嫩，略带榛子香味，甚至有时会因为所摄入的草几附有薄荷香味。第二种就是法国人所谓的"勃艮第蜗牛"，即盖罐大蜗牛，或称罗马蜗牛（Helix pomatia）。罗马蜗牛成长期要两年，（菜园蜗牛只需要六个月）。本店只采用最精品独种的品种。先盐水，在用新鲜水，美味的浓煮汤，汤的温度控制在65°C，用各种香料、严格的技艺烹制，以便烹饪出及其可口的蜗牛。

Seules deux sortes d'escargots sont cuisinées. Le petit-gris de l'espèce Helix aspersa. Ses chairs sont tendres au goût de noisette, parfois mentholé par les herbes qu'elle nourrisse. Et l'incomparable bourgogne Helix pomatia, celui-là arrive à maturité à deux ans contre six pour les gris, ce qui en fait un mets d'excellence très apprécié.

...nos escargots sont d'une qualité irréprochable préalablement

传统蜗牛佳肴（6、12或36只）
大罗马蜗牛、
佐蒜香黄油汁
1832年的祭品菜谱 12-24-70
强烈建议搭配勃艮第白葡萄酒 6

6-12-36 ESCARGOTS TRADITION
Beaux Bourgognes, persillade au beurre allié
Remarquable avec un verre de beaujolais blanc

松露香勃艮第蜗牛（6或12只）
佐黑松露碎片，配精制美味的香料
18-34
建议搭配一杯夏布利白葡萄酒 10

6-12 SUCCULENTS BOURGOGNES AU BEURRE TRUFFE !
Brisures de truffe noire,
subtilement assaisonnée
Conseillé avec un verre de Chablis

梦特吉尔特色鸭肥肝蜗牛（6或12只）
以鸭肥肝为主要辅料 16-30
搭配一杯Terre Blanche Domaine
Chiroulet白葡萄酒能得到最佳搭配 6

美味，意想不到的佳肴搭配！

四只不同凡响的勃艮第蜗牛奶油小面包
采用纯奶油制作，Ferber作坊精心烘焙
配油醋汁时令色拉 18
这道菜最好搭配一杯
No Sex For Butterfly 红酒 6

4 PETITES BRIOCHES EXCEPTIONNELLES D'ESCARGOTS DE BOURGOGNE
Pur beurre, pétries par la fée Ferber,
verdure de saison à la vinaigrette
Accord parfait avec un verre de
No Sex For Butterfly

24K纯金 "特大" 蜗牛
带壳勃艮第蜗牛
佐恰到好处的洋香菜香料 23-45
最理想的搭配是一杯雷司令白葡萄酒 6

6-12 L'ESCARGOT D'OR ESTAMPILLÉ 24 CARATS®
« MAOUSSES COSTAUDS »
Bourgognes coquillés,
persillade bien dosée
Idéal avec un verre de Riesling

« Gueusaille » de Kouikette*
马铃薯酿蜗牛
马铃薯里面的馅料采用菜园蜗牛肉和
Lautrec粉红蒜泥 16
配一杯Diamond Collection FF
Coppola 葡萄酒真不错 12

Gainsbard风味Pastis 51
八角酒香火爆蜗牛（6或12只）
带有香浓的八角口味的勃艮第蜗牛，
加以适量的八角酒 12-24
配一杯双份Pastis 51八角酒体验一下不同的感受 7

6-12 PETITES INDIGNATIONS À LA GAINSBARD AU PASTIS 51
Bourgognes au goût d'anis étoilée
électrifiés au pastis double...
Surprenant avec un Pastis 51

美味的菜园蜗牛意式烩饭
Carnaroli有机米饭，
配蜗牛黄油和胡椒味
Pecorino Pepato意大利奶酪 23
配一杯Castillon红酒，
真的回味无穷！7

SAVOUREUX RISOTTO AUX ESCARGOTS PETITS-GRIS
Riz bio Carnaroli au beurre d'escargot
et Pecorino Pepato au poivre
Mémorable avec un verre de Castillon

峨螺
大份峨螺配蛋黄酱
用辣味海鲜汤烹制 9

BELLE POIGNÉE DE BULOTS MAYO
Cuits nature au court-bouillon pimenté

绿咖啡

蜗牛大餐

175
与法兰西的10个约定

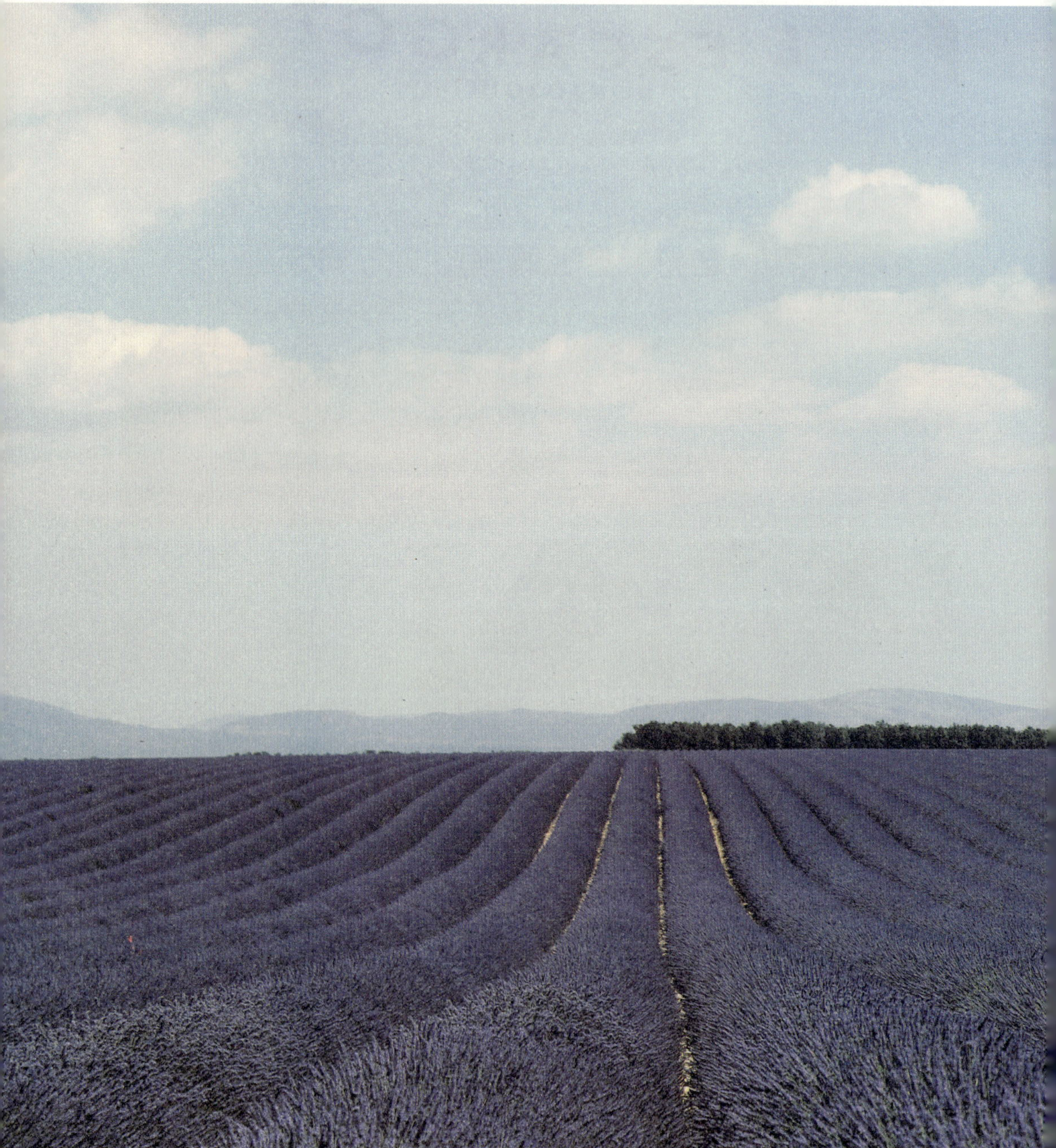

乐在法国丨"这就是生活"

法国人玩儿什么？| 爱歌剧　爱音乐　爱电影

　　法国人爱吃、爱逛博物馆，但除此之外他们还喜欢做什么呢？答案就是：去剧院。这是一项法国人特别喜欢的活动，否则拿破仑三世怎么会建造那么多的剧院呢？现在的巴黎有130座大大小小的剧院，平均每周上演300场左右的演出。纵观全法国，数量就更多了，每个规模稍大的城市都配备着剧院。

　　很多世界闻名的歌剧都是由法国人创作出来的。路易十四时期有一个特别著名的音乐家叫作让-巴普蒂斯特·吕利（Jean-Baptiste Lully，1632—1687），他为法国王室谱写了许多的宫廷舞会乐曲。吕利开创了"法国歌剧"这一新形式，是当时法国音乐界的领导人，不仅对当时的欧洲音乐界产生了巨大影响，也影响了后世的众多著名作曲家，包括：珀塞尔（Henry purcell）、亨德尔（George Friedrich Handel）、巴赫（Johann Sebastian Bach）、拉莫（Jean-Philippe Rameau）等。与吕利合作最多的戏剧家是我们重点介绍过的莫里哀。

　　法语歌剧中最著名曲目的要算是《卡门》（*Carmen*）了，全世界的歌剧演唱家都常常表演这部剧。小修斯，要是你和朋友们一起欣赏《卡门》，就可以告诉他们这原本是一台法语歌剧。此外，很多根据法国文豪巨作改编的歌剧也很值得观看，《悲惨世界》便是其中之一。

法国剧院里的演出种类包括传统的芭蕾舞、歌剧、音乐会，但并不局限于这几种形式，世界上各种形式表演的顶级艺术家们都愿意来到法国演出。告诉你吧，加尼叶歌剧院的芭蕾舞演出一般需要提前半年预订或购买；即使在这样的情况下往往还是一票难求，于是，演出当天、开演前的剧院门口就总会有等着购买"退票"的人们。观看传统的芭蕾舞或歌剧的时候，还有好多法国观众喜欢穿上"古装"，将自己完全融入过去的场景中，看起来很是有趣呢。

　　除了观看歌剧、舞剧、音乐会，法国人还喜欢自己实践这些歌舞音乐活动——从小朋友到成年人，尤其是大人们，都特别愿意去学乐器。小提琴、大提琴、钢琴都是他们喜欢的，各种铜管、木管乐器的爱好者也很多。法国人学音乐一般并不追求考级，但他们也会参加一些相应的考试，需要特别认真地学习乐理知识。学会了乐器的普通法国人经常组织演出，因此，你在剧场看到的音乐会不一定都是由专业艺术家演出的，表演者也有可能是音乐爱好者组成的乐团。法国的每个城市几乎都有代表自己的管弦乐团，相互之间也经常进行比赛。每年的5月8日、11月11日这些纪念和平的节日，还有7月14日的国庆节，各个城市乐团都会表演列队演奏；每年的6月21日则是法国的音乐节，这时候的大街小巷上都会看到各种或专业、或业余的音乐家在为公众演出。这些非专业的、热爱演奏的，或者擅长演奏的人们也一样被称作"音乐家"。

喜剧表演也深得法国观众的心。法国喜剧分为单人表演、双人表演和群体表演，有点儿像咱们的相声或者小品。喜剧演员尤其受到法国人的喜爱，在法国，演不好喜剧的演员就不是好演员。路易·德菲内斯（Louis De Funès）和安德列·布维（André Raimbourg）演过著名的喜剧电影《虎口脱险》。（这部电影姑姑我看过100遍，你的爸爸妈妈也看过100遍，简直就是百看不厌！）除了电影这种形式，法国人也很喜爱在剧场中上演的喜剧。剧场里的喜剧表演通常在台词中隐藏着好多"双关语"，这能让来观看的人们笑得前仰后合。法国人最爱说的话中就有这么一句：大笑一场可真好——"c'est bon derire"——我特别同意。

如果你想体验一把法式幽默，姑姑特别推荐你看看《放牛班的春天》（*Les choristes*）、《蝴蝶》（*Le Papillon*）和《小尼古拉》（*Le petit Nicolas*）这三部电影，主题都与小朋友有关，温馨感人又幽默。

中国的电影爱好者们都非常熟悉法国的戛纳电影节，这大概是仅次于奥斯卡评选的电影盛事。中国电影在戛纳电影节中也获得过很多奖项，戛纳电影节是中国电影走向世界的第一座桥梁。还记得吗？戛纳是法国南部的海岸小城，有着浓郁的地中海风情，距离尼斯很近。

| 尼斯海岸

法国人的体育运动 |
"环法"需头盔 "法网"红土壤

> 法国人是很喜欢运动的,流行的运动项目特别多:足球、橄榄球、篮球、柔道、击剑、滑雪、帆板、赛车、骑马……

足球就不用说了,曾经得过"世界杯"冠军的法国人特别热爱足球这项运动。"法甲"(法国足球甲级联赛)比赛热火朝天,每周,不管是比赛赛场里还是电视机前,都聚集着无数看球的观众。巴黎的香榭丽舍大街上有个"圣日耳曼球队"的专卖店,那儿从来是人山人海,想买一件与球星同号的球衣就得排长队。法国的各个乡村小镇也都有自己的足球队,各种球场遍布全国,球场里每周都组织一两次比赛。大人们热爱足球,小朋友们也是如此。

橄榄球也是法国人喜欢的运动,法式橄榄球和美国橄榄球不一样,但和英国人、新西兰人的橄榄球一样——不戴头盔、不穿防护、纯粹硬碰硬,法国人认为这样才是"真男人"的运动。在法国,喜欢橄榄球的青少年特别多,如果你看到特别高大、壮硕的男生,通常都练过橄榄球。

环法自行车赛是一项法国最重要的世界性比赛。每年夏天的7月底或8月初,法国民众有个最重要的活动——每天下午守在电视机前,观看环法自行车比赛。你一定有疑问:一大群人骑自行车的比赛有什么好看的?事实上,每年的环法自行车赛都会选择不同的路线,挖掘法国乡村中那些隐藏的庄园和美景,用不同的视角向法国电视观众介绍那些可能已经被他们自己忽略的法国文化,看自行车比赛就如同看一档走遍法国的纪录片。环法自行车队伍经过各个城市、村庄的时候如同节日来临——小朋友们早早在街边等候，前导车上的礼仪小姐会给大家抛撒许多礼物，自行车队飞驰而过的时候总会引起阵阵欢呼，人人都觉得比过节还开心。这时候，有许多旅行爱好者喜欢开着车，甚至自己骑自行车跟随环法比赛的队伍，一站、一站地环游法国。法国北部平原地区易于骑行，但是到了南部的比利牛斯山或者东部的阿尔卑斯山地区，骑行对于业余车手来说就特别困难了，然而山中那些著名弯道处的风景特别美——有高耸的针叶林和潺潺流动的山间小溪，转眼之间就可能转换成大片的草场。修斯，要是有机会，你可以和爸爸妈妈一起自驾游，去法国山间转一转，住住咱们说过的小木屋。

除了环法自行车赛，法国还举办很多别的自行车比赛，这里的民众都很喜欢骑自行车这项运动。在法国的乡间旅游，你能经常看到或单个或成群的戴着头盔的骑手。小朋友们也会由家长陪同着，在周末里去田野或丛林的边缘进行全家骑行。修斯你也可以试试在法国骑自行车，不过有一条要注意：一定要戴头盔，这是法国的交通法则里明文规定的。

法国网球公开赛的魅力也足以让所有的法国人守着电视观看，中国人常常将它简称作"法网"。法网的英文名称是"French Open"，但我估计法国人根本不知道这个英文名儿，他们中的大多数只知道法网比赛的法语昵称——"Roland-Garros"（读起来就像中文发音"侯朗—嘎侯"）。

这个昵称来源于法网场地"罗兰·加洛斯球场"的法语名字"Stade de Roland Garros"，其中的"Roland Garros"是一个人名——罗兰·加洛斯。1913年，罗兰·加洛斯成为首位中途不着陆飞越地中海的人。第一次世界大战开始后，他又成了世界上最早的战斗机飞行员之一，他成功地在战斗中击落了三架德国空军飞机，在法国国内声名大振。因此，当巴黎在1928年兴建网球场时，便用"罗兰·加洛斯"这个名字命名了球场，以纪念后来在第一次世界大战中为国捐躯了的这位民族英雄。

罗兰·加洛斯球场是全世界网球场地中的"名人"，和其他国家的网球场不同，这是一个"红土"网球场。相较于草地与硬地，法网的红土球场具有减缓球速、旋转强烈、产生高弹跳性的特征。红土场地的比赛对球员的体能与意志力的要求更高，需要球员移动迅速且范围广，更需要能耐心对峙。罗兰·加洛斯的红土场还有几个有趣的特点，比如：在这里比赛，不需要鹰眼的协助来判定网球是否出界，因为网球在红土上的落点清晰可见；因为球场没有屋顶，也没有大灯，遇下雨和光线不足时，常被迫延赛到第二天，往往给运动员增添了麻烦。很多著名网球运动员能够获得其他各种网球赛的桂冠，却总在罗兰·加洛斯球场的红土场上失利，这又恰恰使法网比赛更具传奇性了。罗兰·加洛斯球场就在巴黎的布鲁涅森林旁边。

"法网"红土地

滑雪也是法国人热爱的运动之一。法国可以滑雪的地方特别多,比利牛斯山和阿尔卑斯山地区就有很多滑雪胜地。每年寒假,很多的法国小朋友都会由家长陪伴或者学校组织,到山里上滑雪课。年龄最小的学员从三岁起就开始上课啦,他们跟着有经验的教练从摔跟头到自由滑行,一点一滴地学习。每次课程结束,孩子们都能获得奖牌或奖励,从"小鸭子"到"小雪花"到"小熊三星"奖章,特别有成就感。陪孩子来却不会滑雪的爸爸妈妈也不用担心无聊,雪地里还有很多好玩儿的"项目"——在阳光下的雪地里漫步——其实一点儿也不冷,还特别暖和,要是再喝上一杯热巧克力,别提多有精神头了!阿尔卑斯山的霞慕尼滑雪场(Chamonix-Mont-Blanc)是世界上排名前五的滑雪场,欧洲的最高峰勃朗峰近在咫尺,人们可以边欣赏美景,边体验冰雪运动。

霞慕尼滑雪场

左 | 滑雪场上快乐的小朋友

　　法国还有一个全民喜欢、家家都玩的运动"Pétanque"，也就是"法国地滚球"。比赛的时候，使用一颗金属钢球和一颗小的木球。小木球是目标球，大家按顺序把自己的铁球扔向目标球，也可以利用自己的铁球打开对手的球，最后谁的铁球距离目标球的距离最近，谁就获胜。周末的公园或者空旷的场地上，你都能看到一堆法国人带着一小袋子铁球来到空地上一起打地滚球；朋友来家里做客的时候，也经常会在院子里一起扔地滚球。这项运动的规则简单，竞争性也不会过于激烈，因此，法国人通常认为法式地滚球是很优雅的，适合边玩儿边聊天。法国的小朋友们也经常玩"地滚球"，他们一般用塑料球来替代成年人的比赛用球，这样的塑料球在超市、运动品商店，甚至杂货店里都能买得到。虽然法式地滚球是个很简单的运动，但是它在各种运动中的地位挺高的，还设有世界锦标赛呢，现在已经有很多中国城市也流行这项运动了！

法国人还喜欢慢跑。每天清晨或傍晚，你都能看到很多慢跑的人们，这是最简单、最省钱的锻炼方法了。有特别多的人选择在巴黎的塞纳河边和公园里慢跑。关于跑步的法国全民性比赛有很多，除了著名的"巴黎马拉松比赛"，还有些更有意思的——

巴黎还举办"色彩马拉松"：参赛者在跑步过程中，每隔一段时间就会被喷上彩色粉末，所以选手们在冲破终点时，都像从动画片里走出来的小怪物。比赛结束后，常有免费的露天音乐会等着大家。

拉德芳斯区（巴黎的CBD）定期举办各大公司员工之间的跑步比赛：没有秒表计时，只要完成比赛就行。最后统计完成比赛的人数，最多的那个公司获胜。

波尔多有个"红酒马拉松"，全程42公里（和普通的马拉松比赛差不多），特色是途经50多座酒庄，其中就包括波尔多顶级的拉菲酒庄。参赛者在比赛过程中可以边喝边跑，每隔一段距离，就供应芝士、各款朱古力甜饼、吞拿鱼鹅肝酱法式面包、果干、水果，以及各种好吃的，最后的5公里赛段上更是为选手们提供生蚝、牛扒和朱古力脆皮雪糕。此外，比赛的沿途还有现场音乐表演，在这样"享乐型"的马拉松比赛里，很多选手都会穿上奇装怪服，来一次"Cosplay马拉松"。这已经超越了普通的马拉松跑步比赛，根本就是一场"吃、喝、玩、乐的马拉松比赛"。

小修斯，你是不是很想来看看，那么什么时候来合适呢？

喜欢在法国海边徒步行走的姑姑
（徒步行走也是法国人特别爱的运动哦）

世界节假日"冠军"丨明天可以不上班

> 小修斯：
>   看完上面说的好吃、好玩的，你是不是正跃跃欲试地要来法国啦？咱们中国人出国游通常都选在"五一"假期或者"国庆"长假，那么法国人过哪些节假日呢？

要是论每年第一个节日，当然是1月1日的新年，这对全世界各地的人们都是一样的。当然，同一个新年法国比我们总是晚几个小时。（你能算出法国时间的新年比北京时间的同一个新年晚几个小时吗？）12月31日的晚上，法国人通常以外出庆祝或者与朋友聚会的方式迎接新年的到来，于是当夜的各条大街上都特别热闹。可是，1月1日的大街上则通常空无一人，因为大家都去长辈家里拜年了，这和中国人过春节的行程是不是很接近？另外，法国人的新年祝福和中国文化中的新年祝福也很接近，大家也爱说"新年快乐""身体健康""恭喜发财"。1月1日新年这天，几乎所有的公共场所因为放假而关闭。要是你在1月1日来法国旅游，就什么也玩儿不了。

每到二月份，学生们可高兴了——他们有两个星期的寒假，孩子们在寒假里一般都选择去滑雪。法国学生的寒假时间和我们中国的春节很接近，但是法国没有春节，因此在法国的华人们大都会自己庆祝一番，例如：在门窗上贴"福"字，在巴黎的华人社区举办庆祝活动，或者大家一起吃个年夜饭。

春季里有个复活节（Pâques），这是法国人最重要的节日之一，也是一个传统的宗教节日。（这个节日是为了纪念耶稣基督于公元30/33年，也就是被钉死后的第三天复活的事迹，因此基督徒认为复活节象征着重生与希望。）复活节假期也是

复活节彩蛋

法国人迎接春天的假期,它的地位和我们中国的春节、中秋节差不多重要。复活节期间,全法国各个城市和乡村都会装饰得花花绿绿的,复活节的典型标志——母鸡、彩蛋、铃铛——随处可见,就连巧克力店铺中的巧克力,也都被做成不同的复活节标志的形状。在复活节期间的法国商店里,还能够看到很多兔子形象,但这并不是法国的传统文化,而是从德国文化中来的。复活节是买巧克力、送巧克力、吃巧克力的重要时机。在这个节日里,法国所有的村镇都会组织孩子们"找彩蛋"(用巧克力做成的)活动,孩子们很喜欢参与这个活动,因此复活节也成为孩子们最喜欢的节日之一。而且,复活节通常与法国学校为期两周的春假重合;所以在此期间,有很多家庭举家出游,高速路交通就会特别繁忙。要是来法国旅游,请注意这个时间段,要提前做好准备和计划哟!复活节假期没有固定的日期,是每年春分月圆之后的第一个星期日,一般在3月28日和4月17日之间。

5月,法国人和我们一样庆祝同一个的节日——5月1日国际劳动节(Fête du Travail)。"5·1"国际劳动节也是法国的劳动节,这一天全法国都放假,要是遇到周末却不倒休!在法国,劳动节要给劳动者送铃兰花(Muguet),因为铃兰花是拥有幸福、获得财富的象征。法国孩子喜欢在劳动节之前的几天到丛林里采摘铃兰,用以在5月1日上街贩卖,这是法国唯一且很独特的一天——无需任何许可且不需要交税,就在大街上卖花儿。

几天之后的 5 月 8 日，法国人又有一天假期，那就是"第二次世界大战胜利纪念日"。第二次世界大战的胜利对法国和欧洲其他的很多国家都很重要，于是这一天自然也成了法国的固定假期。每个城市都会以市管乐队的演奏和游行来开始纪念活动，法国老兵们会穿上旧时的制服，戴上自己的军功章上街，以庆祝来之不易的和平。

5 月的一个周四也是个节日——耶稣升天节（Ascension），为了纪念耶稣基督在复活 40 日后升天。这一天也是法定假日，你瞧，5 月的法国有很多假期。不过，法国人所有的假日都只是"一日假期"，如果这一天是周末，也不会倒休，因此就不像我们一样有"小长假"。

到了 7 月，法国人会迎来他们尤其重要的节日——国庆节。法国的国庆节在 7 月 14 日，还记得这天是什么日子吗？——这是革命者攻占巴士底狱的日子。每年的这天，香榭丽舍大街上都会举办阅兵典礼，从骑兵到坦克到飞机都会从凯旋门列队行至协和广场。此外，还有从不同国家来的仪仗队来参加典礼。这既表现出军队的威武，也体现了不同文化的冲击，很有意思。所有人都可以去看游行，但是需要提前到香街两边等候，那时候的人很多、很密集，一定要注意安全。另外，从 7 月 13 日晚间到 7 月 14 日晚间，在全法国各地都会举办大大小小的烟火表演，每年还会更换新的主题。烟火表演配合着音乐，绝对是视觉与听觉的双重享受，当然，在所有的烟火表演中，要数埃菲尔铁塔旁的烟火表演最为壮观。最后，在这一天里，巴黎还会举行传统的"消防员舞会"，巴黎市消防员将邀请所有的其他市民一同参加。

8 月 15 日是法国的圣母升天节（Assomption），也就是圣母玛利亚灵魂升天的日子，这也是传统的宗教节日，是法国的公共假期。

接下来要过假期，就得等到 11 月了。在这个月里，法国有两个节日。

11 月 1 日是诸圣节（Toussaint）。诸圣节是法国重要的宗教节日、法国法定假日。在这一天里，法国人给亲朋扫墓，这和中国清明节的意义相近。大街小巷里，也会卖各种小菊花供大家扫墓使用。11 月初恰好是法国深秋，也是阴雨交加的时候，纷纷的雨水和墓地前的菊花相配起来显得有些阴霾。诸圣节时去扫墓对法国人来说很重要。法国人大都还施行着传统的棺木土葬，整个家族一般会葬在一起——扫墓的时候，人们会看到自己所有亲人的名字被列在一起，从几百年前的祖先到刚刚过世的亲人。有些传统的法国老人每个月，甚至每周都会去亲人的墓地打扫和送花。

在这里，我得提一下诸圣节之前的 10 月 31 日，那是英美国家的万圣节前夜之日（Halloween）。虽然法国现在有很多孩子也过万圣节前夜，但那并不是法国的节日。因此，和传统的法国人交流时，不要提万圣节前夜，他们可能不太喜欢；但可以谈论诸圣节。学校的秋季假期一般就在诸圣节前后。

11 月的另一个假日是一个你听起来特别耳熟的日子——11 月 11 日——停战协定纪念日。这天不论对于法国还是整个欧洲都非常重要，因为它是第一次世界大战签订停战协议的日子。这天是法国的法定假日，各个城市、村庄都会举办纪念战争英雄和战争结束的活动，这天和 5 月 8 日的"第二次世界大战胜利纪念日"一样，是庆祝和平的节日，法国总统要给位于凯旋门下的无名英雄纪念碑赠送鲜花。法国的很多街道名字都叫作"11 月 11 日"（11 Novembre），可见这个日子对于法国人来说是多么特别和重要——并不是什么单身节，更不是什么购物节哦！

转眼到了12月，圣诞月来了。12月25日是圣诞节，这个你是知道的。不过，商场里通常从11月开始，就会摆上圣诞商品供大家选购。11月中旬，各地的人们就开始筹备当地的圣诞市场了。去圣诞市场采购法国传统食品和手工工艺品是个天大的好机会，在市场上可以喝到平日里没有的热红酒，见到很多集创意和手艺一身的法国工艺人。圣诞市场就像中国春节的传统庙会！其中，斯特拉斯堡的圣诞市场最为出名。圣诞节是最最传统的宗教节日，是法国人最重要的家庭团聚日，也是孩子们最喜欢的节日。12月1日，各地区的政府都拿出灯饰、花卉布置全城，普通人家也开始打扫房间，准备圣诞树和圣诞装饰。12月24日晚和12月25日的全天，法国人通常要全家人聚在一起吃吃喝喝。12月25日是公共假期，这一天里，所有的博物馆、商店都关闭，公共交通的趟数也会减少。所以，圣诞节来法国玩儿有好处也有坏处——你可以看到许多法国传统风俗，却没什么可以去的娱乐场所。

除了这些法定假日，法国还有很多有意思的节日。

比如在法国的北方，12月6日是个重要节日——圣尼古拉节（Saint-Nicolas）——这是男孩儿们的节日。"圣尼古拉"是圣诞老人的前身。在法国北方、比利时，还有其他好多的欧洲国家，圣尼古拉会在12月6日这天给好孩子送礼物，而不是在圣诞节哦。

咱们刚才说过，圣尼古拉节是男孩们的节日，那当然还有个"女孩节"，叫作圣卡特琳娜节（Saint-Catherine），在11月25日。年轻的女孩儿们会在这一天戴上漂亮的帽子（根据传统，由自己制作），互相祝贺节日快乐。但现在不太流行戴帽子了，学校里的女生们会互相赠送贺卡——过圣尼古拉节的时候，男生们也会互相赠送贺卡。不论在"圣尼古拉节"还是"圣卡特琳娜节"，学校里都会显得特别忙乱，小朋友们拿着各种卡片互相送来送去。

1月的第一个周六是主显节（L'Épiphanie），也叫"三王来朝节"，紧随着新年，这是基督教的重要节日。据说在耶稣诞生后，有三位东方的贤者赶来祝贺朝圣，他们就被称作"三王"。"三王来朝节"这一天里，家家户户都吃"Galette des Rois"——中文里叫作"国王饼"——在每个蛋糕店都能买到。国王饼通常使用糖、杏仁酱和黄油制作，烤过之后非常香甜。人们还会在饼里放一个宗教小雕像或者陶瓷小摆设——法语里管这些叫作"fève"，谁吃到谁就是当天的"国王"。法国人认为要是把这个小小的"fève"放在钱包里，就能带来一整年的好运。

2月2日也是个传统的宗教节日，称作"圣蜡节"或"献主节"（Chanderleur）。据说圣母玛利亚在耶稣降生后40日将其带入圣殿，行洁净礼。因此很多人认为，从这天起大自然将脱离冬季的笼罩，白天的时间将变得更长，这是个迎接太阳的节日。一些传统的法国人在这天里会在餐桌上点一圈蜡烛以象征迎接太阳。但要我说，这一天在孩子们的心中更应该被叫作"可丽饼节"。因为在这天里，法国的家家户户都会用鸡蛋、面粉和牛奶做出很多薄煎饼，也就是我们介绍过的可丽饼——圆圆的、金色的可丽饼看起来就像小太阳似的，是迎接好运的煎饼。做可丽饼的时候，人们还喜欢一只手上拿着一枚硬币，另一只手拿着平底锅摊饼，要是硬币不掉就表示"一切好运尽在掌握"。孩子们喜欢在可丽饼里卷上红糖，或者抹一点儿巧克力。学校老师会在这个节日的前后为孩子们讲述可丽饼的制作方法，也常在学校里和学生们一起制作；很多家长还会让自家孩子带上一大打可丽饼去学校和大家分享。

每年11月的第三个周四是博若莱新酒节（Beaujolais Nouveau）。法国的博若莱地区（靠近里昂）出产全世界最好的"佳美葡萄"，虽然美国、南非以及南美等国也种植佳美葡萄，但博若莱出产的是公认品质最佳的，这里的佳美葡萄种植面积占全世界的75%。博若莱新酒节也就是每年的新酒上市日。新酒上市前，人们会将新酒提前运到法国的各个港口和机场，允许发售的时间一到，这些新鲜的佳酿就立刻搭载各种交通工具奔赴世界各地。现在，博若莱新酒节已经不仅仅是法国的节日，还是全世界范围的、庆祝当年葡萄收获和酿制的节日。博若莱新酒节当天，法国各地举办各种品尝博若莱新酿葡萄酒的聚会，热闹非凡。

除了这些全国性的节日，法国还有很多地方性的庆典，例如：法国北部的"敦刻尔克狂欢节"，南部的普罗旺斯有"柠檬节"，波尔多地区的"辣椒节"，东南老城区的"灯光节"和中南部的"鹅肝节"。这些节日里都要举行很传统的庆典，富有当地特色。

法国每年还有两个固定的打折季：冬季和夏季里各约5周。服装、衣帽、家具、电器、化妆品等诸多商品都会在打折季期间全面促销，低廉的价格十分诱人。有很多法国人只在打折季中就购买完一年所需的全部衣物呢！

193

与法兰西的 10 个约定

每年夏天，法国各地还会组织各种二手市场，中型城市的每个周末则都会有二手市场。对于当地居民来讲，这是一个打扫屋子、除旧迎新的机会，也是和朋友们在室外聊天喝酒的节日。法国最有名的二手市场在里尔，举办时间是每年的9月初，到时几乎全欧洲的"二手好物"都聚集在这里。打折季是购物好时机，二手市场则是你来法国购物、淘宝的秘密好去处哟。

　　说了这么多的法国假期，但我想，最适合你来法国玩的时间还是中国的寒假和暑假。

　　下一次的信里，姑姑我打算跟你说说法国的交通，这样，当你来到法国时，就可以根据不同的行程灵活选用不同的方式来畅游这个美丽的国家啦！

　　当然，姑姑要继续跟你做出跟法兰西这个国家的约定，那就是一起制作可丽饼！姑姑我很擅长包饺子，法国的朋友们都很佩服我。相对地，法国人烙可丽饼的水平比我高太多啦，我看就连法国的小朋友们摊可丽饼的水平都比我高。我准备买个摊饼的小锅，你来法国时，咱们一起做，还要举行一个激烈又友好的比赛呢！

还在10月就盼望圣诞节的姑姑

在法国如何出行？| 为"减排"多多使用公共交通

> 我最最亲爱的小修斯：
> 　　姑姑的法国之旅还剩下最后三天！
> 　　按照约定，咱们来说说法国的交通吧，毕竟来法国旅游不可能只靠步行嘛。

　　如果你不是以参加旅行团的方式来法国，那么我推荐你选择"火车游"。法国是世界上最早使用的高速铁路 TGV（Train grand vitesse）的国家。TGV 遍布全法国以及法国周边的很多国家。法国铁路公司也可以简称为 SNCF（Société nationale des chemins de fer français），走在任何城市里，只要看见 SNCF 的标志就可以找到火车站。法国的火车站总与城市内的公共交通枢纽或地铁相接，转乘十分方便。TGV 是法国最重要的交通工具，很多上班族每天都要搭乘 TGV 作城际通勤。选择 TGV 在法国穿行、游览是一种特别快捷轻松的方式，姑姑我就很喜欢在法国坐火车——快速、准时、舒适。乘客们可以在 voyages-sncf.com 这个网站提前查询好 TGV 的发车时间和车次，也可以直接在这个网站购买车票。现在，许多乘客喜欢使用 voyage-sncf（oui sncf）的 APP，购买好的火车票可以直接以二维码的方式显示在手机里，随时提醒大家行程的情况。如果旅行者们计划去很多个城市、需要多次搭乘火车，还可以上欧洲铁路公司的官网购买"欧洲铁路通票"——一张价值人民币 543 元的火车票可以在 9 天内无限次地乘坐法国火车，特别划算；当然，也可以直接去火车站的柜台买票，只要把你想去的城市告诉售票员就行。

TGV 火车站

TGV 车厢内

巴黎的火车站

　　巴黎的"四大"通往全国的火车站是：北站、东站、里昂火车站和蒙帕纳斯火车站。咱们曾讲过北站的建筑——著名的欧洲之星。东站有开往阿尔萨斯方向的火车，通往德国、卢森堡的高速列车，专门开往俄罗斯的莫斯科专线，还曾经是"东方快车"（Orient-Express）的起点。而顾名思义，里昂火车站里有很多发车往里昂去的列车，当然，也有去马赛和尼斯的列车，还可以从这里去西班牙的巴塞罗那、意大利的米兰、瑞士的日内瓦和苏黎世。要是想去法国中部的卢瓦尔河谷、西部的布列塔尼、西南的波尔多，就要从蒙帕纳斯火车站出发。这座火车站曾经叫"巴黎左岸火车站"，非常古老，还出现在许多老电影里。1944年8月25日，德军指挥官冯·肖尔蒂茨（Dietrich von Choltitz）在蒙巴纳斯火车站向盟军投降，这位德军将领在第二次世界大战期间拒绝了希特勒炸毁巴黎的命令，为世界留存下了巴黎这座宝贵的都市。

在此我要补充一个关于巴黎的小知识——"左岸"和"右岸"的说法是针对塞纳河而言的。塞纳河自东流向西，因此，顺着塞纳河河水站立，右手是巴黎的右岸，政府、金融机构多在右岸，卢浮宫也在右岸；左手是巴黎左岸，属于巴黎的老城区，著名的拉丁区就在左岸，那些古老的大学也在左岸，左岸是巴黎文化的象征。

不过，火车票的价格对于法国的年轻人来说还是有点儿贵，所以他们喜欢选择乘坐城际大巴 Ouibus。Ouibus 是 2012 年开始法国新组建的城际大巴系统，也隶属于 SNCF。Ouibus 连接着法国所有的重要城市，巴士像火车一样每天发出多趟，车上覆盖免费 WIFI，提供电源，椅子可以半躺，带有安全带，最大的优势当然是低廉的价格——一张 Ouibus 普通车票的价格只是火车票的十分之一。乘坐 Ouibus 虽然需要花费比较长的时间，但的确很划算，年轻学生们特别喜欢这种交通方式，听听歌、看个电影、睡一觉就到了。Ouibus 除了在法国城市里运行，还开往法国周边的重要城市，包括：比利时的布鲁塞尔和安特卫普，西班牙的巴塞罗那和赫罗纳，英国伦敦，荷兰的阿姆斯特丹及霍特丹，意大利的热那亚、米兰和都灵，以及瑞士的日内瓦。要是时间宽裕，游客们在法国旅行之余也可以选择坐大巴环游欧洲。

现在，越来越多的中国游客选择在法国自驾游。自驾游的好处是时间和行程都可以比较随性、自由，去很多分散的小村庄游玩尤其方便。在法国的机场和火车站周边可以找到很多租车公司——Herz、Europcar、Avis，等等。旅客们还可以提前上租车公司的网站上预订好车型、租用时间、提车和还车地点，网站会直接为顾客估算出相应的费用。

选择租车要慎重，因为法国的轿车通常为手动挡，习惯自动挡的驾驶员可能会开得不习惯；当然也能直接选择自动挡的车，但是租车费用相对高些。租车时最重要的是——看清租赁来的车辆是柴油车还是汽油车。法国不光使用汽油车，因此加油的时候需要特别注意，不要选错油。

另外一条更为重要，尤其对于带孩子出行的父母们。在法国，车辆驾驶员和车内的所有乘客都必须系安全带，包括后座上的乘客，否则会被交警罚款。修斯，你现在已经 11 岁了，可以直接坐在座椅上，系上安全带；但是身高在 1.05 米以下的小朋友必须使用儿童座椅，不足 1.25 米的孩子还需要增高坐垫。

巴黎、里昂这样的大城市都有地铁（Métro）或者轻轨（Tramway），使用这两种公共交通不受交通阻塞的影响，还方便、快捷、环保，地铁和轻轨的车站都比较小，距离景点很近，出站后通常不需要步行很远。票价每个城市不同，一张票一般需要1—2欧元。在巴黎，4岁以下的小朋友则可以免费搭乘地铁，10岁以下可以半价——修斯你已经11岁了，需要买全价票。

在法国坐公交车也很方便，很多城市还提供一些免费的公交车系统给市民。公交车的法语写作"Bus"，每座城市的免费公交车都有自己的独特名称，只是免费公交车一般是只有一节小车厢的小型电动公共汽车。在中小城市乘坐公交车的时候，因为车次不太多，研究好时刻表才可以为出行节省时间。大家可以去旅游中心索要城市公交时刻表。

其实，旅行者们也可以像法国人一样骑自行车（Vélo）出行。为了减少汽车尾气的排放，法国的许多旅游城市都建立了"自行车租赁系统"；但是拥有自行车道的城市并不多，骑行时要特别注意交通安全。上路前要检查自行车的车灯和车闸是否齐全，在郊区骑自行车还一定要戴好头盔。除了巴黎等个别城市，法国现在还没有可以随处放置的自行车系统，自行车在使用完毕后要放回租赁点。

> 姑姑我挺喜欢乘坐法国的火车，虽然火车的运营人员偶尔会罢工，但坐火车的体验整体很舒适，也很安静。咱们可以从巴黎坐火车去法国南部，只要两三个小时就能到达。不过，法国的火车并不像咱们中国的火车会提前到达，等待乘客；这里的火车站往往在最后一分钟才会告知乘客们到底去哪个站台上车。因此，告示牌上一旦亮出火车到站的站台号，所有的人就都使劲地跑，生怕赶不上！和法国人一起赶一次法国火车一定好玩。那么，我们就再做一个约定——一起乘坐一趟TGV！
>
> 在巴黎的地铁站和各个城市的旅游中心都提供免费的地铁图、旅游地图，酒店里也经常提供地图供游客参考，好多地图还是中文的呢！入住酒店之后，别忘了跟前台工作人员索取哟。
>
> 　　　　　　　　　　　　　喜欢坐火车也喜欢走路的姑姑

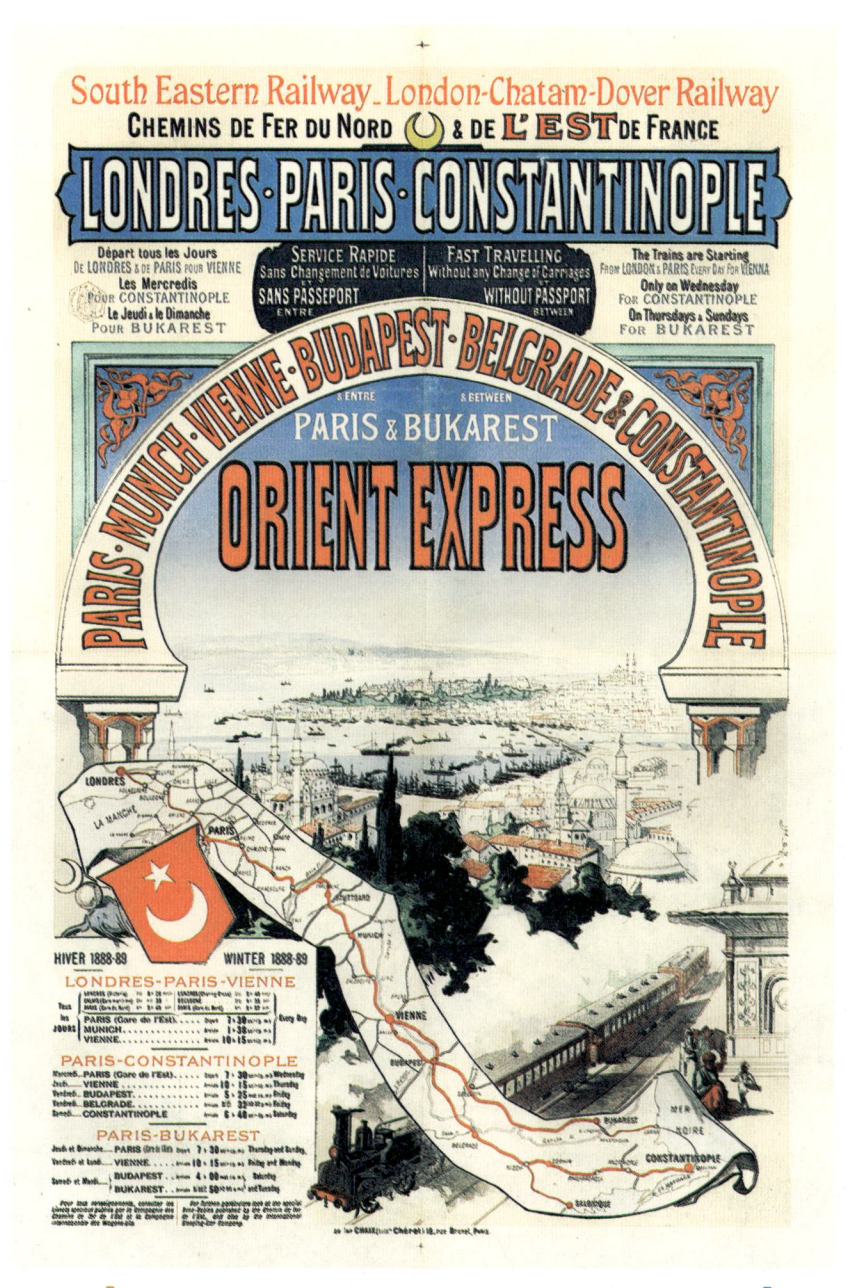

东方快车海报，上面显示了 1888—1889 年冬季的列车时刻表

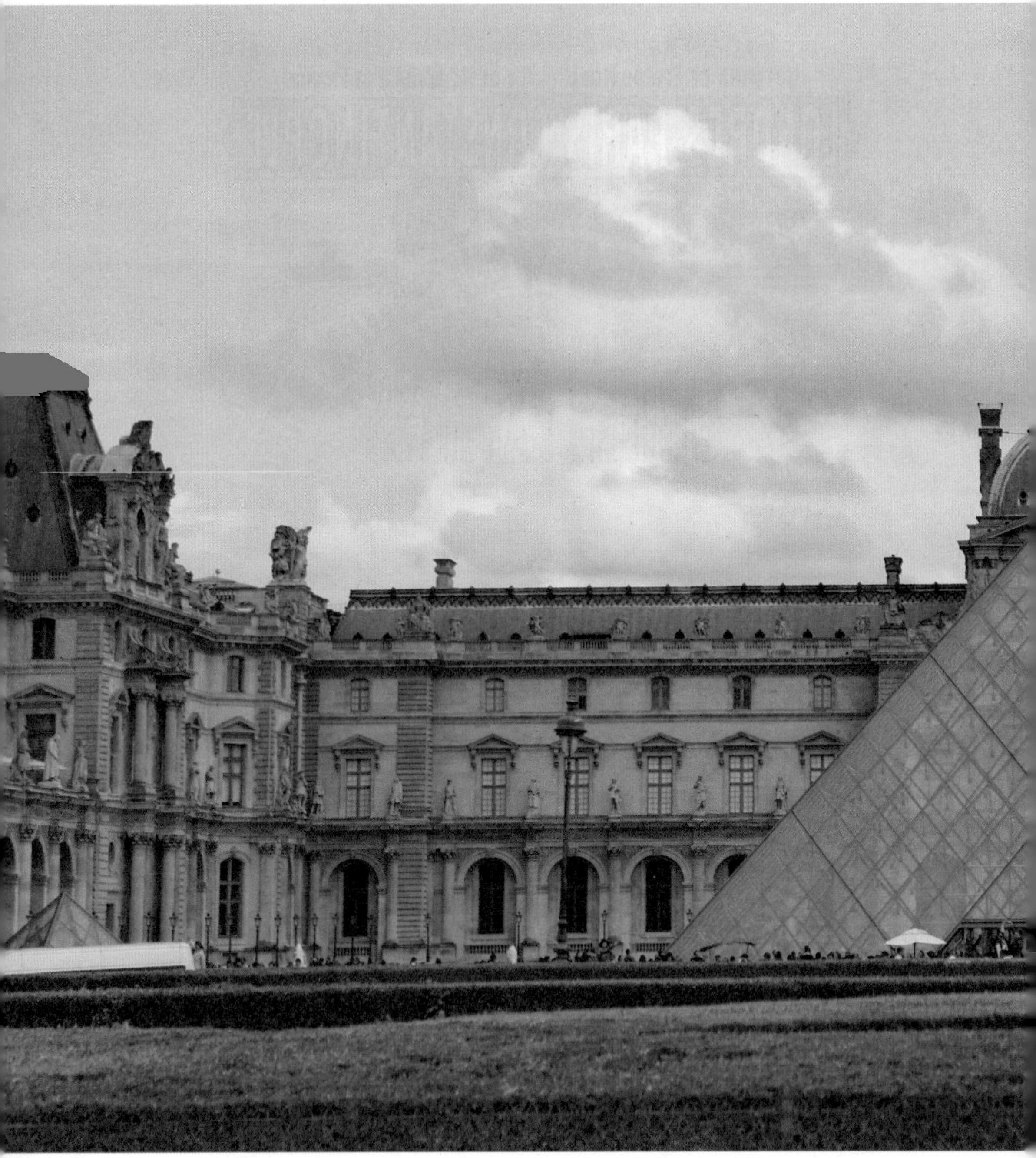

法国的教育体系丨漫漫求学路

大学前的学习之路｜
"中等教育"和"中学教育"不一样

> 亲爱的小修斯：
> 　　明天一早，我便要出发去机场，搭乘飞机返回中国啦，在法国的最后一晚，我想我该跟你说说法国"奇怪的"学习制度了。总是有人说，中国孩子的学习压力特别大，你在仔细看完这部分内容后，是怎么认为的呢？

法国教育体系的建立可以追溯到查理大帝时代，但是法国的现代教育制度开始于 1880 年。当时，有一个名叫朱尔·费里（Jules Ferry，1832—1893）的律师出任了法国教育部长——他后来还当上了法国总理——费里创立了法国的现代共和国学校（l'école républicaine）。他要求所有 15 岁以下的儿童，无论男女，必须入学，这和咱们的义务教育要求差不多；他还确立了法国公立学校教育免费和公立学校世俗非宗教性的原则。世俗非宗教性原则指的是：任何宗教的老师、学生在学校里都是一视同仁的，并且都不可以在学校范围内进行宗教信仰的宣传，比如：信天主教的老师不能戴十字架，信伊斯兰教的学生不能戴头巾。学校是个人人平等、没有宗教偏差的地方。世俗非宗教性原则是法兰西共和国的主要戒律之一，延续执行至今。

在学校里，学生们要学习公民课程，学习关于"共和国"的知识，学习法国标志，比如我们提过数次的著名格言"自由、平等、博爱"。

法国的小朋友在两岁半或三岁左右，就可以"上学"了——其实是去幼儿园，但法国人认为这就是上学。教育两岁半的小朋友也有教学大纲，这么小的孩子也要被打分数呢。让孩子上幼儿园并不是必须的，但孩子六岁时要上小学，这就是"义务教育"了。

法国的小学教育只有五年，这五年中分成五个年级，但不叫"一年级、二年级……"，而叫作"CP、CE1、CE2、CM1、CM2"——分别是"预备年级、基础教育第一年、基础教育第二年、中等教育第一年、中等教育第二年"——因为名称太长，都简化成缩写了。所以，你要是问一个法国的小学生"你上几年级了？"他会告诉你一堆字母的。

法国的中学和咱们的一样，分成初中和高中；区别是：法国初中为四年，高中是三年。不过，小学五年和中学七年相加起来，法国学生的中小学教育时间和中国学生的一样——是十二年。最神奇的是，法国的初中和高中设置的年级也不叫作"初一、初二""高一、高二"之类的，法国人把这七年加起来一起数，还是倒着数的。因此，初中一年级叫作"六年级"，初中二年级叫作"五年级"——六、五、四、三、二、一——而"高三"则叫作"结束"，也就是结业班。你瞧，这样是不是特别有倒计时的感觉？

中法学习阶段对照

阶段	入学年龄	法语年级名称	对应中国年级名称
幼儿园	3岁	petite section（小组）	小班
	4岁	moyenne section（中组）	中班
	5岁	grande section（大组）	大班
小学	6岁	CM1（预备年级）	一年级
	7岁	CE1（基础教育第一年）	二年级
	8岁	CE2（基础教育第二年）	三年级
	9岁	CM1（中等教育第一年）	四年级
	10岁	CM2（中等教育第二年）	五年级
初中	11岁	六年级	小学六年级
	12岁	五年级	初一
	13岁	四年级	初二
	14岁	三年级	初三
高中	15岁	二年级	高一
	16岁	一年级	高二
	17岁	最终级（迎接高考）	高三（迎接高考）

修斯，你每年有暑假和寒假两个假期；那么法国学生有多少假期呢？——特别多！

他们每上六个星期的课就要放两个星期的假！打个比方吧：学生们在10月底、11月初的诸圣节要休息两周；12月有圣诞节和新年，要休息两周；2月份的寒假，又休息两周；春天的复活节春假在4月，还要休息两周；到了七月初，夏天来了，是暑假，可以一直休息到9月1日，这个假期大约持续两个月。所以，法国的学生一年一共有将近5次、4个月的假期。除此之外，法国的学生们，尤其是小学生，周三没有课！孩子们一定很开心，可以撒开欢儿地玩儿了。但是面对这么多的学校假期，法国的爸爸妈妈们真有点儿招架不住喽！

我知道，你一定超级羡慕拥有四个月假期的法国学生，是吧？其实他们也很辛苦。法国的中小学里很少设置期中或期末考试，但总是可能随时来考一场试。每天上午和下午的上课时间都很长；可是上午只有一个课间，下午有时候还没有课间休息呢。这样的一天下来，法国的学生们常常会累到头晕眼花。

上了初高中之后，法国的学生们要经常写各种论述题。咱们之前说过，法国人希望学生分析问题要中立，所以学生在回答任何问题的时候都不能光说"对"或"错"，要针对每种观点一一分析，不能过于主观，不能歧视，不能有偏见。高三毕业时，法国学生们要参加高考，通过高考的人能获得高中学历的证书和文凭；不过高考很难，每年都有很多人无法通过考试。没有获得高中文凭的学生是不能上大学的。

特别值得一提的是，法国高考中有一门"哲学考试"——要考四个小时，只回答一个问题！学生们在这四个小时里要充分发挥自己，还要引经据典来论述各种哲学观点，把考试的题目分析透彻。2017年的法国高考哲学题是："只依靠观察是否就足以认知？"就针对这一句话，在四个小时里，学生们要写出好长好长的论文。

不光是哲学，其他科目的考试也这样——地理考试也要四个小时，也是让你论述一道题，例如："近十年，美国还会不会占据世界霸主地位？"法语考试也要四个小时，比如考你"《悲惨世界》这本书里都写了什么？你怎么看？"就连数学考试也要写作文！数学考试里一共有四道题，这四道题是相关联的，要是第一题错了，后面的都得错，最后一题就是"数学作文题"了，可能要让你论述一下上面的题目还能用什么解法。这么看下来，法国的学生是不是真的特别辛苦，同样要看好多书，背好多文章，做各种模拟题。每个国家的学生都一样，学习总是个艰苦的过程。

通过高考后，就可以进入高等学府了。

法国的高等教育｜"大学"和"大学校"

全法国一共有3500所或公立、或私立的高等教育院校，其中包含：83所综合性大学、224所工程师学院、220所工商管理学院、120所艺术院校、20所建筑学院，以及3000所其他类院校。通常情况下，法国的高等教育可以简单地分为"大学"（université）和"大学校"（grande école）。

大学一般都是公立的。公立大学只收取金额很少的注册费，家庭困难的学生还可以申请免费和生活费补助。法国的公立大学大多以其所在城市、地理位置、城市的编号命名，例如：巴黎拥有13所大学，它们被分别命名为"巴黎第一大学"到"巴黎第十三大学"。此外，多数的大学都有个非正式的名称，通常因为某个名人或某个特别的地方而得名。"亚眠大学"也叫作"卡第儒勒-凡尔纳大学"（记得住在亚眠的凡尔纳吧？）"巴黎第五大学"也叫作"勒内·笛卡尔大学"——

笛卡尔（René Descartes）是法国著名的哲学家、数学家，还被人们称为"解析几何之父"，他的名言是"我思故我在"。"巴黎第六大学"的另一个名字是"皮埃尔和玛丽·居里大学"（或称为"居里夫妇大学"）。"巴黎六大"是法国唯一一所只有理工学科的公立大学，学校配备着180多间实验室，其中走出了19个诺贝尔奖得主，这所大学在数学领域排名世界前五，实力强劲。

巴黎的第一所大学是"巴黎大学"，它的前身是"索邦大学"，索邦大学在1968年时被拆分成了13所大学——就是现在的"巴黎一大"到"巴黎十三大"。再往前追溯它的历史，最早可以追溯到公元12世纪，因此"巴黎大学"是欧洲最古老的大学之一。在法国，"索邦"几乎是大学和知识的代称，居里夫人就是巴黎大学的第一位女教授。

再补充一个你可能不知道的历史小知识，不但居里夫妇得过诺贝尔奖，居里夫妇的女儿伊雷娜·约里奥-居里（Irène Joliot-Curie）和女婿弗雷德里克·约里奥-居里（Frédéric Joliot-Curie）也获得过这份殊荣。这对年轻的夫妇在1935年获得了"诺贝尔化学奖"，当年的弗雷德里克·约里奥-居里只有35岁，是历史上最年轻的诺贝尔化学奖得主。

法国另一类重要的高等教育机构叫作"大学校"，也叫作"高等学院"，有时候还简称为"高商"。相较于大学，大学校享有更高的声誉，入学更难。大学校是法国精英的摇篮，因此常常出现几万名优秀的学生争夺几十个入学资格的情况。从大学校毕业的学生更容易找到工作，是很多大公司争相抢夺的人才。

"巴黎高等师范学院"在很长一段时间内都是法国最棒的大学校。它是世界上最古老的高等师范学校之一，由拿破仑下令建立。巴黎高等师范学校出了很多名人，获得过"诺贝尔物理奖"的科学家就有8个；哲学家、文学家更是层出不穷，萨特就是其中之一；曾经获得过诺贝尔文学奖的罗曼·罗兰（Romain Rolland）也毕业于这所学校。英国的《泰晤士报》评价巴黎高等师范学校是"法国的传奇"。

一提到"巴黎综合理工大学"（École Polytechnique），法国人也会肃然起敬。这所大学校在当年也备受拿破仑的推崇和呵护，学校的校旗和校训都由拿破仑所赠。

法国法律规定：在每年 7 月 14 日的法国国庆游行时，巴黎综合理工大学的学生列队必须走在所有队伍的最前面，并为共和国总统护卫。你看，巴黎综合理工大学地位真的特别高。

除了以上提到的大学和大学校，法国还有很多有意思的学校，例如：很出名的巴黎蓝带厨艺学校（Le Cordon Bleu Culinary Arts Institute）是全世界最大的厨艺学校，培养出了无数的美食大师，有很多中国学生到这里来学习制作法式大餐和法式糕点。

小修斯，如果你对博物馆、雕塑、绘画特别感兴趣，那么我推荐你长大一些后来法国的艺术院校学习。卢浮宫学院（École du Louvre）的教学更是独特，学院的课程包括学习考古学、艺术史、题铭学、人类学、文明史和博物馆学，学生们就在卢浮宫里上课，把逛博物馆当成学习的内容，是不是很有意思？

法国大学的教育费用比其他国家相对低一些，政府还会对所有学生（包括留学生）给予一定的补助，因此在全世界范围吸引了很多优秀的学生。不过，法国的高等教育非常严格，想顺利获得文凭就需要特别努力学习。

我最亲爱的小修斯，随着姑姑这次法国旅程的结束，我给你的信件也写到了最后一封。我期待你在听过我为你所做的介绍后，能够喜欢这个浪漫多彩的国家；也希望你在长大后有机会来这里留学或者游学。你是个如此聪明的小姑娘，要做个出色的小留学生一定难不住你！

在那之前，姑姑要为你计划一次"巴黎高等学府一日行程"，把这作为我们与法兰西的第十个约定。很多巴黎的高等学府都没有围墙，校内的点点滴滴都透露出文化科学大师们的痕迹。咱俩一同去逛逛看，体验一下那些诺贝尔奖获得者曾经生活、"战斗"的地方，说不定将来你也能获得诺贝尔奖项呢！

喜欢上学、喜欢暑假，但不喜欢考试的姑姑

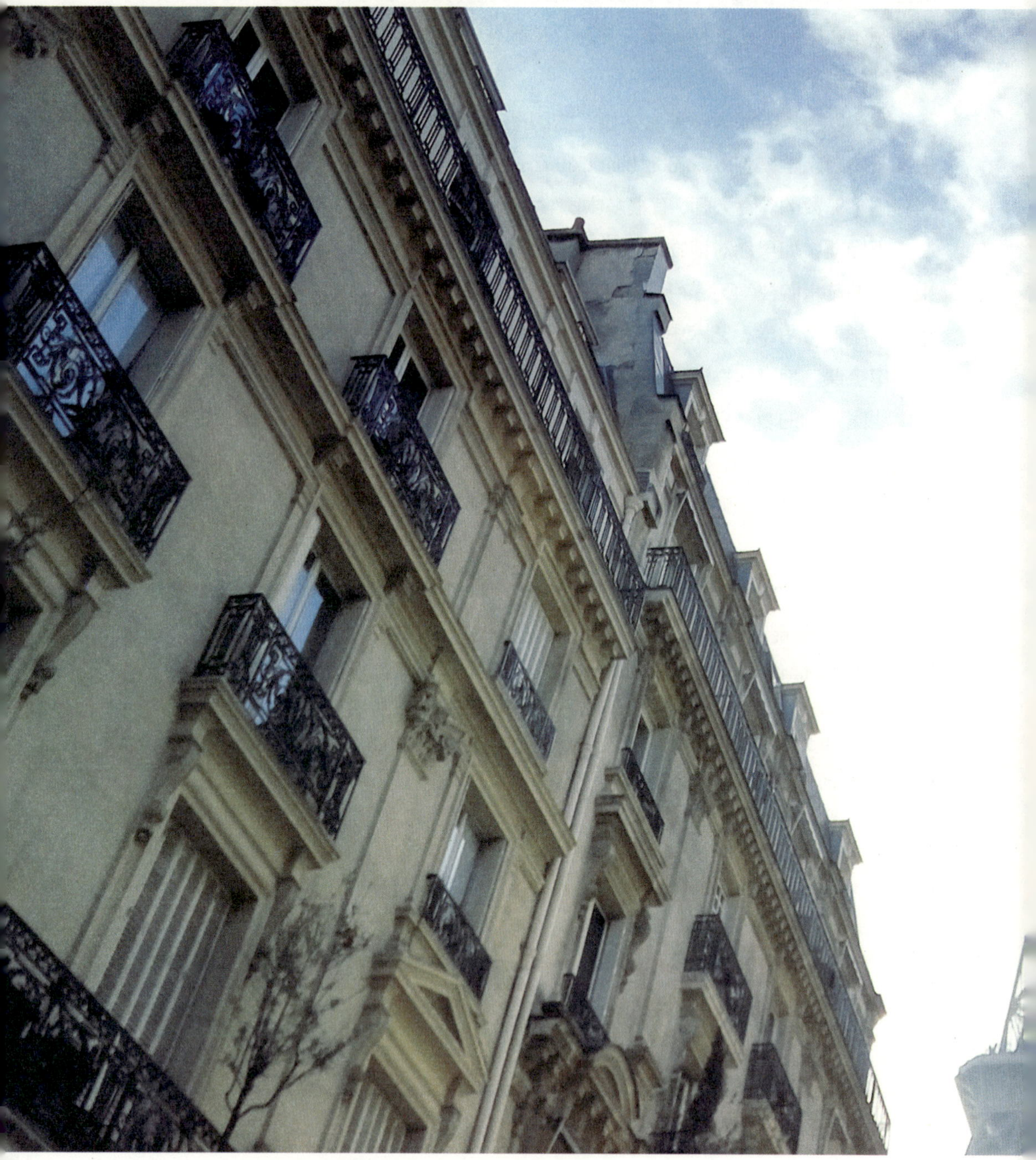

附录 I
在法旅行的重要联络方式和注意事项

全法通用联络方式

报警：17 或 197

急救：15

火警：18 /112

SOS 巴黎医生急救：01 47 07 77 77

巴黎市警察局（网站可选中文版）：

http://www.prefecturedepolice.interieur.gouv.fr/

巴黎市警察局网站的中文网页上有很多对中国游客的提醒，比如：出租车的最低价格，如何从机场到达市区，如何防止小偷和骗子，等等。信息非常全面，值得参考。

注意事项：受伤时请立刻拨打火警电话，法国消防员的职责范围相当广泛，负责的事项很全面，其中就包括提供最好的急救措施；另外，消防车在交通上有第一优先权，而救护车却没有优先权。

联系使领馆（巴黎）

中华人民共和国驻法兰西大使馆领事部楼

地址：巴黎第八区华盛顿街 20 号（20, Rue Washington, 75008 Paris）

如何使用公共交通抵达：乘坐地铁一号线在"乔治五"站（Station George V）下车，从"香榭丽舍大街出口"（Sortie Avenue Champs Elysées）出站后，向协和广场方向前行 20 米即可进入华盛顿街，再前行 150 米即抵达领事部。

办公时间：周一至周五（节假日除外）09:30—12:00，14:30—17:00

咨询护照、公证、认证业务可用联系方式——

电话：+33(0)153758831

邮箱：consul@amb-chine.fr

寻求领事保护

中国驻法使馆领事保护与协助电话：+33(0)667486393

中国驻马赛总领馆保护与协助电话：+33(0)671905835

中国驻斯特拉斯堡总领馆保护与协助电话：+33(0)609994464

中国驻里昂总领馆保护与协助电话：+33(0)785620931

外交部全球保护与服务应急呼叫中心电话：+861012308

安全注意事项

不要带太多现金，尽量使用信用卡消费。信用卡和现金分开保存。

护照、身份证等证件建议存放于住处或酒店房间密码箱内，随身携带证件复印件。在人员拥堵的地方要注意保管贵重物品，书包尽量放在胸前，切勿离身。

不与试图搭讪的人交谈，不回答任何问卷调查或签字活动。来自欧洲个别国家的团伙（尤其是年轻女性团伙）习惯在游客攀谈之后进行盗窃。

选择酒店的时候要一定避免巴黎北站以北的酒店。选择酒店时请看清邮政编码，巴黎的邮编开头为75，后面两位为区号，不要选择18、19、20区的酒店。尽量住在市中心繁华地区。邮编开头为93的酒店也不要选择。

地铁、百货商场，还有卢浮宫附近的区域是小偷特别密集的区域，一定要注意保护好钱包和证件；在地铁上不要玩手机。

自驾游重要交通规则

红灯不能右转。当红灯亮起之后，右转车辆也要停止。

停车。非停车位、残疾人车位、孕妇车位绝对不能占用，法国检查违章停车的警察多，拖车多，罚款事小，车被拖走了就很麻烦了。

让行。让行的标志为白底红边的倒三角，路口地面上会有一条白色虚线，看见这些标志要注意减速让行，前方道路上的车辆具有绝对的优先权。

停止。停止的标志为"Stop"，路口地面上会有一条白色实线，而看见停止标志则必须停车静止，等两边路上没有行驶车辆再重新出发。

右手优先。在没有任何标志的交叉路口，路口右方来车优先。在路口处一定要注意观察是否有右方来车即将到达，如果抢行很容易出事故，并且由己方承担责任。

左转车辆要等候。左转车辆没有任何优先权，必须让右转和直行车辆先走。

转盘。转盘内左手车辆优先，出转盘需要打右转灯。

行车途中，司机和乘客，包括后座乘客，均应系好安全带，如在高速行驶路段因故停车，应停在安全区中，下车时应穿上黄色警示背心。

遇行人过马路一定要停车让行。

特殊注意事项

在法国南部千万不要扔烟头。法国南部丛林茂密，夏日干燥，千万不要乱扔烟头，有时就算距离树林有一段距离的烟头也有可能引起森林大火。不熟悉丛林环境的游客更要注意这一点。

海滩巨浪。在法国西部的大西洋海岸、北部布列塔尼和诺曼底的海滩，经常伴随着潮汐出现巨浪。到海滩的游客应留意海滩上的安全指示旗，要在有救生员看护的海滩游泳。

罢工的影响。法国罢工现象较普遍，有时持续数日，公共交通经常受此影响。为避免旅游行程因遇罢工而被耽搁，建议游客提前了解近期的罢工情况，尤其关注机场、航空公司和火车站、铁路公司的告示，为旅行预留弹性时间。因遇罢工导致了不能继续旅行者，应与机场、航空公司和火车站、铁路公司等保持联系，争取尽早获得妥善安排。

法国夏季雨水多，阳光也很强烈，因此，防雨和防晒同样重要，都要注意。

最最亲爱的修斯：

　　我的法兰西之旅就要结束了，旅行的时光总是让人觉得短促。现在，我已经回到了巴黎的戴高乐机场，马上要飞回北京，不知道你是会先见到这封信，还是会见到给你带了礼物的我呢？我猜，你更愿意见到带着礼物的姑姑我吧。不过，收到信件的感觉真的特别好，姑姑以前在上学时最爱和朋友们通信了。

　　读着姑姑的旅行记录，小修斯你是不是很想立刻飞到法国呢？好好学习，好好读一读与这个国家相关的图书，然后来实现我们的约定吧！

　　除了寄明信片，学唱一首法国歌，咱们还要比赛找"太阳王"的"太阳脸"，顺便选出最喜欢的法国雕像。南特的机械岛咱们是一定要去的，还要抽三天时间去寻觅印象派画家的足迹。一起泡咖啡馆，一起乘TGV，比赛做可丽饼，还要一起去看看法国的高等学府。哈哈，又说到上学了，上学的时光是最美好的时光，在学校的假期里出游更是无比的幸福——跟姑姑我出门玩儿则应该是世界第一好玩的事情啦！

　　期待和你一起环游法兰西。

很想回到家，
又想继续在法国游览的姑姑

与法兰西的 10 个约定

1. 一起从巴黎的邮局寄明信片回中国；
2. 学唱一首法国小曲儿；
3. 找到"太阳王"的"太阳脸"；
4. 同游南特机械岛；
5. 一同计划、执行"三日法国艺术之旅"；
6. 选出"心目中最喜欢的 10 座法国雕塑"；
7. 在巴黎街头的咖啡馆喝咖啡（果汁儿）；
8. 比赛做可丽饼；
9. 乘坐 TGV；
10. 完成"巴黎高等学府一日参观行程"。

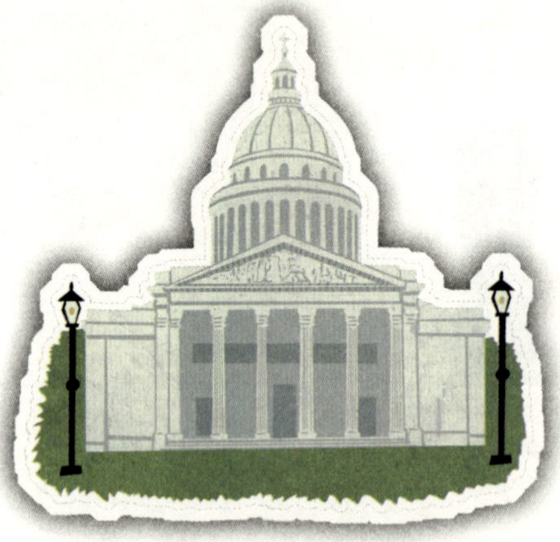

后　记

很感激中国国际广播出版社给了我一个机会，来写一本有关法国历史文化的书，还是给孩子们的书。这是个写作的过程，也是个学习的过程。同时，也要感谢可爱的旅行博主 IrisQuan 为本书提供了许多好看的照片，让书中的内容更加丰富生动。

说起法国，浮现在人们脑海中的词儿大约总是固定的那些：巴黎、左岸咖啡、红磨坊——这样的法国是异域多情的；卢浮宫、索邦大学、印象派画家——这样的法国是博学多彩的；路易威登、香榭丽舍大街、老佛爷百货——这样的法国是时尚奢华的；总时不时地罢工，假期漫长——这样的法国是悠闲的。总之，法兰西在人们的心里已经自然地化作"浪漫"二字，和紧张的生活学习似乎毫不相干。

然而，法国并不仅是上述的样子，她拥有悠远精彩的历史。有历史的国家身后自然有深厚的文化底蕴。法国拥有世界上最古老的法律经典，发生过复杂的政权交替，孕育出风格不同的伟大艺术，诞生了撞击心灵的文学著作，还持有世界领先的科技。法国曾经是毋庸置疑的欧洲霸主，也曾经和许多国家一样经历战争。她既骄傲，又怀着悲痛。

法国不仅仅有巴黎、波尔多这样的城市，她还有广阔的丛林、平原、河谷，面对着宽广的大西洋，背靠着白雪皑皑的阿尔卑斯山。丰富的地形养育着不同的风情，这里有豪迈的、吃马肉的北方汉子，也有热情的、喝水果酒的地中海姑娘。

关于法兰西的历史和艺术，或者其国内的地域差异，仅用一篇文章或一本书都无法说清楚。时光中的点点滴滴都是有趣并有意义的，千百年的日日夜夜融入法国人的生命，铸就性格，养成习惯，造就文化。这样的法兰西似乎又不那么浪漫了，反而真切地表现出她的复杂性，一切的一切最终汇集成为法国人的烦琐日常。这么看起来，不觉得法国和咱们中国很相似么？

正如法国在教育方面特别强调全面地看待问题。哪怕是最简单的小吃，各位品尝者的感觉通常不同，对待历史、文化、艺术当然更是如此，这就要求我们尽量从各个角度广泛了解。每年，都有很多朋友带着孩子来到法国旅游，除了著名景点和传统故事，我更愿意尽己所能讲述富有趣味的法国生活细节，希望我的朋友们能从不同的、新颖的角度体会法国。

世界如此之大，它很可能不是我们之前认知的样子，多出去走走看看，总会有新的感知和发现。希望这本书能以新鲜的视角为孩子们带来一个非传统概念中的法兰西。这是我写作过程中自始至终的一个愿望，希望孩子们感知不同的文化，并且学会从不同的角度观察和思考。

黎征

2018年12月于法国

图书在版编目（CIP）数据

与法兰西的10个约定 / 黎征著；郭素平绘. —北京：中国国际广播出版社，2018.9
（修斯的秘密笔记）
ISBN 978-7-5078-4337-8

Ⅰ.①与… Ⅱ.①黎…②郭… Ⅲ.①法国－概况－青少年读物
Ⅳ.① K956.5-49

中国版本图书馆CIP数据核字（2018）第157696号

修斯的秘密笔记：与法兰西的10个约定

著　　者	黎　征
绘　　者	郭素平
责任编辑	宋晓舒　李　卉
版式设计	国广设计室
责任校对	张　娜
出版发行	中国国际广播出版社［010-83139469　010-83139489（传真）］
社　　址	北京市西城区天宁寺前街2号北院A座一层 邮编：100055
网　　址	www.chirp.com.cn
经　　销	新华书店
印　　刷	天津兴湘印务有限公司
开　　本	710×1000　1/16
字　　数	220千字
印　　张	14.5
版　　次	2019年3月　北京第一版
印　　次	2019年3月　第一次印刷
定　　价	59.00元

版权所有　盗版必究